돌싱으로 살아가는 즐거움

돌싱으로 살아가는 즐거움

조금 서툴지만 포기하지 않는 나만의 행복 찾기

돌싱으로 살아가는 즐거움

이경숙 지음

모아북스
MOABOOKS

이미 알고 있었죠
이미 알고 있었습니다
알고 있었지요

선택은 내가 하는 것이라는 것을,

이제는

행복을 택하겠습니다

....

드밴드라 반하트

어느 누구도 내 편이 아니라고?

언제부턴가 우리는 이혼한 이들을 일컬어 '돌싱' 이라 부르기 시작했습니다. 돌싱이란 잘 알려진 대로 '돌아온 싱글' 의 줄임말이지요. 돌아온 싱글. 참 로맨틱하면서도 발랄하고, 재치 있는 언어로 들립니다. 구속적이고 답답하고 불행했던 결혼 생활을 깨고, 자유롭고 상큼한 싱글로 돌아왔노라는 긍정의 선언! 이혼 남녀를 돌싱으로 지칭하는 새로운 유행과 더불어, 우리 사회는 이제 이혼을 더 이상 부정적이고 잘못된 실패로 받아들이지 않고 있습니다. 누구나 할 수 있고, 누구에게나 일어날 수 있는 일처럼 받아들이는 현실입니다. 심지어 때로는 이혼을 적극 권장하는 것처럼 보이기까지 합니다.

하지만 실제로 돌싱이 된 분들의 사연을 들어보면, 이혼 뒤의 삶이 마냥 명랑하고 밝고 행복한 것 같지는 않습니다. 때로는 성급한 이혼을 후회하는 분도 만나봤고, 이혼 후 치열한 생존의 벽에 부딪혀 우울과 자괴의 늪에 빠져 계신 분도 종종 보게 됩니다. 물론 씩씩하고 활기차게 제2의 인생을 살아가는 멋진 돌싱들도 있습니다.

여기서 잠깐 엉뚱한 질문을 드려볼게요.

여러분은 무엇 때문에 살고 있습니까? '내가 살아가는 이유는 무엇일까?' 누구나 한 번쯤은 이런 고민을 해보셨을 겁니다. 부모님을 위해서? 자식을 위해서? 내가 다니는 직장에서의 성공을 위해서? 무엇이 정답일까요? 곰곰이 생각해보면, 답은 하나뿐입니다. 행복해지기 위해서입니다. 삶 속에서 기쁨을 느끼기 위해서, 나 자신이 행복해지기 위해서 우리는 살아갑니다. 그리고 그 행복은 결국 내 마음 깊은 곳에서부터 우러나는 진정한 기쁨과 보람을 느낄 수 있을 때 얻어집니다.

제가 왜 이런 말씀을 드리는 것일까요? 우리가 연애를 하고, 결혼을 하고, 그러나 결혼생활에 좌절해서 이혼을 하고, 다시 재혼을 꿈꾸는 이 모든 것이, 결국은 '내가 행복해지기 위해서' 하는 것들이기 때문입니다. 그런데 많은 사람들이 어떻게 하면 행복해지는지, 무엇이 나를 기쁘게 하는지, 어떻게 해야 고통과 인내의 결과로 행복을 얻게 되는지 그 길을 모르는 것 같습니다. 끊임없이 누군가를 미워하고, 다른 사람과 비교하며 스트레스 받고, 과거에 얽매여 스스로를 가치 없게 여기고, 다른 사람들의 말에 휩쓸려 잘못된 선택을 했다가 후회와 자책의 늪에 빠지기도 하면서 인생을 낭비하는 경우가 부지기수입니다.

　아무리 앞만 보며 열심히 흔들림 없이 인생을 살아간 사람이라 하더라도 어느덧 중년의 나이에 접어들면 문득 '내가 과연 제대로 살아가고 있는 것인가?' 하고 삶에 대한 깊은 허무감과 비애를 느끼게 되어 있습니다.

　이것은 남자든 여자든, 부자든 가난하든, 잘났든 못났든 누구나 겪는 일입니다. 아무리 훌륭하고 뛰어난 사람이라 하더라도 한 번 이상은 인생길에서 넘어지게 되어 있습니다. 하지만 자신을 진정으로 사랑할 줄 아는 사람, 자기가 어떤 사람인지, 어떻게 해야 행복해지는지 아는 사람은 좌절도 기회로 삼아 다시 새로운 기운을 얻어 나아갑니다.

　그러나 대개의 경우 많은 사람들이 한 번 넘어졌다 하면 넘어진 자리에서 꼼짝도 하지 못합니다. 쉽게 절망하고, 쉽게 포기합니다. 겨우 일어선다 하더라도 두려움과 좌절에 휩싸여 엉뚱한 방향으로 잘못 들어 행복이라는 종착지에서 한 없이 멀어지게 됩니다.

　서론이 길어졌습니다. 제목이 말해주듯 이 책은 돌싱시대를 살아가는 돌싱 남녀, 즉 결혼했다가 다시 혼자가 된 사람들에게 개인적으로 해주고 싶은 이야기들을 쓴 것입니다. 돌싱이 되려고 고민하는 분들이 보아도 좋습니다. 결혼이야말로 우리가 살아가면서 경험하게 되는 '가장 결정적이고 중요한 순간'이라고 할 수 있습니다. 대학을 어디로 가느냐, 어느 회사에 다니느냐 보다도 훨씬 더 중요한 문제가 바로 결혼이라고 저는 생각합니다. 그리고 그처럼 중요한 결혼생활을 청산했을 때는 그만큼 절실한 고민이 수반되었으리라고 짐작할 수 있습니다.

왜 결혼을 합니까? 행복해지기 위해섭니다.

왜 이혼을 합니까? 역시 행복해지기 위해섭니다.

하지만 결혼과 마찬가지로, 이혼 또한 기대를 배신하지 않던가요? 결혼도 이혼도 현실은 무지막지하고 비정하기만 합니다. 난 그저 행복해지고 싶을 뿐인데, 남들은 쉽게 얻는 것처럼 보이는 그 행복이란 것은 어찌된 일인지 영영 손에 잡히지 않을 것처럼 보입니다…….

저는 개인적으로 돌싱이야말로 행복해지고 싶은 열망이 큰 분들이라고 생각합니다. 다만 제대로 된 길을 못 찾고 있을 뿐인 것이지요.

저와 함께 행복에 이르는 문을 두드려봅시다.

이경숙

Contents |

- 03 -

언젠가 내 노력이 보상을 받겠지

- 04 -

헤어짐보다, 자녀양육

Contents

- 05 -

돌싱으로 살아가는 즐거움

- 06 -

나보고 사랑을 모르는
여자래요

- 07 -

참지 말고 재혼해서 폼 나게 살기

- 08 -

다시, 돌싱

Contents

13

사랑의 유효기간

헤어지자고 한 사람이 '나' 라고?

나에게 딱 맞는 변신은 무죄

망가진 행복, 회복할 수 있는가?

독신과 돌싱의 차이는 생각의 차이인가?

돌싱을 선택했던 이유는 무엇일까?

이혼한 이들도 사랑을 찾아야 한다

헤어지자고 한 사람이 '나'라고?

　기억하실 분이 있을지 모르겠지만, 약 10년 전 〈애정의 조건〉이라는 인기 드라마가 있었습니다. 거기에 이런 장면이 나옵니다. 어쩔 수 없이 이혼녀가 된 여주인공을 보고 주변 사람들이 "동네 망신"이라며 수군거리자 끝내 눈물을 터트리며 울부짖는 장면입니다.

　"그래요, 나 이혼했어요. 그게 뭐 어쨌다고요!"

　여주인공의 절규가 보여주듯, 과거에는 이혼남 이혼녀에 대한 시각이 결코 곱지 않았습니다. '뭔가 문제가 있으니 결혼이 깨졌지, 쯧쯧' 하고 보는 시선이 대부분이었습니다. 이혼은 실패를 의미했고, 이혼 남녀는 인생의 실패자로 여겨졌습니다.

　하지만 불과 10년도 되지 않아 세태가 바뀌었습니다. 이혼 남녀를 '돌아온 싱글'이라는 뜻의 '돌싱'으로 부르는 것이야말로 그에 대한 방증입니다. 이혼을 했다는 것은 이제 인생에 실패한 것이 아니라, 자유롭고 화려한 싱글의 삶으로 돌아왔음을 의미하는 것이지요. 이 얼마나 재치 넘치는 발상의 전환입니까?

　잘 알려져 있다시피 우리나라의 이혼율은 해마다 가파르게 치솟고 있습니다. 작년 한 해에만 20만 명이 넘는 사람들이 이혼을 했다 하니 실로 엄청난 수치입니다. 또 예전에는 이혼이 젊은 사람들의 성급한 결정으로 치부되었던 것과 달리, 최근에는 20년 이상 혼인 관계를 유지하다 50, 60대 늦은 나이에 이혼을 감행하는, 이른바 황혼 이혼이 크게 늘었다고 합니다. 이혼 문제가 어느 특정 세대에 한정된 것이 아니라는 얘기이겠지요. 특이한 것은 이혼을 요구하는 쪽은 남성보다 여성이 압도적으로 많다는 사실입니다. 과거에는 여성이 남성보다 이혼을 꺼려하고 '이혼녀'라는 낙인을 두려워했던 것을 떠올리면 말 그대로 격세지감이 느껴집니다. 굳이 통계를 들먹이지 않아도 주위에서 이혼한 사람을 찾아보기란 어렵지 않습니다. 연예인이나 유명 인사 중에서도 이혼한 사람들을 쉽게 떠올릴 수 있습니다.

　개그우먼 조혜련은 지난해 공개석상에서 "돌싱이 됐다"고 선언했고, 개그맨 김국진은 자신의 이혼 경력을 그가 출연하는 연예 프로그램에서 단골 유머 소재로 활용합니다. 고현정, 신은경 등 이혼 후 오히려 왕성한 활동을 하며 전성기를 구가하는 여자 연예인들도 많습니다. 돌싱 연예인이나 유명인들이 토크쇼에 출연해 이혼 후의 삶을 가감 없이 풀어놓는 장면은 더 이상 눈물 콧물 없이 들을 수 없는 서글프고 짠한 것이 아니게 되었습니다. 최근엔 모 방송국의 인기 짝짓기 프로그램에서 돌싱을 특집으로 다루어 큰 화제가 되기도 했지요.

이혼이란 단어가 금기어였고 이혼 남녀는 어딘가 우울하고 부정적인 캐릭터로만 그려지던 시절과 달리, 지금은 이처럼 '돌싱'이라는 새로운 이름으로 브라운관과 다양한 사회 분야에서 당당한 구성원으로 자리매김하고 있습니다. 사회적으로나 개인적으로나, 이혼은 더 이상 숨기거나 부끄러워하지 않아도 될 일인 것입니다.

이렇게 이혼에 대한 부정적인 선입견이 줄어들었으니, 이혼율이 더욱 증가하는 것은 어찌 보면 당연한 일이겠지요. 실제로 돌싱들에게 이혼한 이유를 물어보면 많은 분들이 "이혼해도 괜찮다는 주위 분위기가 한몫했다"고 입을 모읍니다. 친구나 직장 동료 등 주변에서 쉽게 이혼 사례를 접하게 되면서 '나도 할 수 있지 않겠느냐'는 생각을 갖게 됐다는 얘기입니다. "그 사람을 더 이상 사랑하지 않는 거 같아", "요즘은 괜히 결혼했다는 생각이 들어", "결혼생활이 행복하지 않아" 등등의 하소연에 주위에서는 너무나도 쉽게 "그럼 이혼해"라고 조언 아닌 조언을 합니다. 이젠 이혼이 세상 두 쪽나고 집안이 풍비박산 나는 큰일이라기보다 개인이 얼마든지 결단할 수 있는 자연스러운 선택으로 받아들여지는 분위기인 것이지요. 실제로 이삼십 대 미혼 남녀 천여 명을 대상으로 설문조사를 했더니, '결혼생활이 불행하다면 이혼해야 한다'고 대답한 비율이 무려

55.6%였다고 합니다. 이혼은 절대 안 된다고 답한 수는 겨우 21.4%
에 불과했고 말이지요. 불과 30년 전만 해도 한 번 시집가면 그 집
귀신이 되어야 한다는 소리가 공공연하게 먹히던 시절이었는데 말
입니다!

"지난해 말 돌싱이 됐습니다. 하루하루가 무척 행복합니다. 아이
에게는 더 좋은 엄마가 된 것 같고 직장 생활도 훨씬 원만해졌습니
다. 드디어 제 인생이 술술 풀리는 것 같아요."

돌싱들이 주로 모이는 카페에 올라온 어느 30대 여성분의 자기소
개입니다. 이 글 어디에도 우울하거나 울적한 기미는 찾아보기 힘
듭니다. 오히려 자신의 인생을 적극적으로 개척하고 즐기고자 하는
진취적인 기운이 느껴집니다. 이처럼 돌싱들이 주로 모이는 인터넷
커뮤니티 공간(다음이라든지 네이버 같은 대형 포털사이트에는 다
수의 돌싱 전용 카페가 만들어져 인기리에 운영되고 있습니다)에서
자신을 당당하게 드러내며 새롭게 시작되는 삶에 대한 포부를 밝히
는 글을 찾아보는 일은 어렵지 않은 일입니다. 이혼 후의 외로움이
라든가 한 부모 가정에서의 자녀 양육의 어려움, 직장에서의 인간
관계 등등의 다양한 고민을 서로 속 깊게 나누고 위로하며 용기를
북돋는 모습을 보노라면 모두들 참 용감하고 아름답게 살고 있다는
감탄이 절로 듭니다. 돌싱 커뮤니티는 이처럼 서로 위로와 격려를

주고받는 장으로 활용될 뿐 아니라 때로는 결혼정보회사의 역할을 톡톡히 하기도 합니다. 소소한 일상을 나누며 온라인상으로 대화를 주고받다 연락처를 공유하게 되고 서서히 데이트를 시작하며 서로를 알아가는 분들도 많습니다. 조건만 따져 이루어지는 만남이 아니기에, 다시 한 번 진실한 사랑에 빠져 재혼에 성공하는 경우도 드물지 않습니다. 불과 수년 전만 해도 비밀리에 이뤄지던 이혼남녀의 교제가 지금은 누구나 볼 수 있는 공개적인 인터넷 공간에서 활발하게 펼쳐지고 있는 것입니다.

또 얼마 전에는 국내 최초로 이혼 전문 월간지도 출간되어 화제가 되었습니다. 이혼과 재혼을 직접 경험한 잡지 발행인은 갈수록 높아지는 이혼율에 걸맞은 이혼문화가 없다는 점을 안타깝게 생각하여 창간하게 됐다고 합니다. 사회 각계각층에서 두드러진 활약을 보이고 있는 돌싱들로부터 기고를 받고 사회심리학적으로 돌싱 문화를 분석하는 칼럼과 특집을 다루는 한편 법률과 금융, 심리, 양육, 재혼 등 이혼과 관련된 분야별 정보를 소개하고 있어서 돌싱들에게 인기가 아주 많다고 합니다. 이혼에 대처하는 사회와 사람들의 자세가 변화하면서 보수적인 색채가 강한 우리나라에도 이혼자를 대상으로 한 이혼 전문 콘텐츠가 본격적으로 등장하고 있는 것입니다. 이 또한 '130만 돌싱 시대'의 새로운 현상입니다.

"나 돌싱이야" 하고 쿨 하게 자신을 드러내고, 서점에서 최신 발간된 이혼 정보지를 사고, 갓 볶은 원두로 내린 커피를 여유롭게 마시며 인터넷 돌싱 카페에 접속해 경쾌하게 자판을 두드려 근황을 알리는 젊은 남녀의 모습. 아마도 이러한 풍경이 요즘 우리 사회가 떠올리게 하는 '돌싱'의 이미지가 아닐까 합니다. 그리고 아마도 이것은 바로 돌싱들이 꿈꾸는 돌싱의 모습이기도 할 것입니다. 하지만 현실은 과연 어떨까요?

나에게 딱 맞는 변신은 무죄

　이제 돌싱남녀를 맞이하는 건 '이혼녀·이혼남'이라는 주홍글씨가 아닌 '또 다른 미혼의 세계'인 듯합니다. 또 돌싱에 대한 사회적 분위기가 바뀌면서 이혼을 결심하는 시기도 점차 빨라지고 있는 추세입니다. 결혼한 지 몇 달도 안 돼 쉽게 '돌싱'을 선언하는 경우도 적잖게 많습니다. 또 이혼이 흔한 일이 되다 보니, 일부러 혼인신고를 늦추는 경우도 많아졌습니다. 내심 '아닌 것 같은 결혼생활은 질질 끌지 말고 빨리 정리하자'는 생각이 있기 때문이겠지요. 일부의 경우는 결혼을 인생을 결정지을 중대사라기보다 쉽게 타고 내릴 수 있는 버스 정도로 생각하는 것이 아닌가 할 정도입니다. 이러다 보니 서류상 깨끗하고 나이가 젊은 돌싱들은 새로운 짝을 찾는 데 망설임이 없습니다. 결혼과 이혼의 지난 과정을 경험하였음에도 그 과정을 다시 한 번 기꺼이 통과하고자 합니다. "결혼을 하는 것은 경험이 없기 때문이고, 이혼을 하는 것은 이해심이 없기 때문이며, 재혼을 하는 것은 기억력이 없기 때문"이라는 우스갯소리가 괜한 말은 아니라는 생각이 들 지경입니다.

더욱이 결혼시장에서도 월등한 조건의 돌싱들을 두 팔 벌려 환영하고 있는 추세입니다. 환영하는 정도가 아니라 아주 적극적으로 이미지를 포장해주고 마케팅을 합니다. 돌싱남녀는 이제 결혼시장의 새로운 '블루칩'으로 뜨거운 관심을 받고 있습니다.

실제로 경제력과 매너, 호감 가는 용모를 갖춘 돌싱남은 '이혼후 다시 태어났다'는 의미로 '리본(Reborn)족'이라 불리고 있습니다. 리본족으로 분류되는 돌싱남은 초혼남보다도 상종가를 친다고 하니, 시대가 바뀌긴 정말 많이 바뀌었다는 생각이 듭니다. 바야흐로 능력 없는 초혼자보다 능력 있는 재혼자가 더 인기 있는 시대인가 봅니다.

돌싱녀 또한 '배려심이 깊다'는 평가 속에 남성들의 인기를 모으고 있습니다. '리본족' 같은 멋들어진 별칭은 아직 없지만, 모 재혼전문결혼정보업체의 조사에 따르면 36~43세 미혼 남성 고객 중 절반 가까이가 "돌싱 여성도 배우자로 상관없다"고 답했다고 합니다. 아무래도 결혼생활을 한 번 경험해본 쪽이 결혼생활에서 으레 일어나기 마련인 여러 가지 돌발 상황과 갈등에 좀 더 부드럽게 대처하리라는 기대심리가 작용한 까닭이겠지요. 더구나 결혼하려는 남성의 수는 여전히 증가세인데 결혼을 적극적으로 하려는 여성은 갈수록 줄어들고 있는 상황이니, 결혼 시장에서의 여성 돌싱들의 인기는 앞으로도 계속 상승세를 이어갈 것으로 보입니다.

　이처럼 결혼시장에 돌연 불어 닥친 돌싱 열풍의 이유는 무엇일까요? 하루가 멀다 하고 돌싱을 이슈로 삼은 뉴스가 쏟아져 나오고, 각종 미디어에서도 돌싱의 화려한 싱글 라이프를 적극적으로 소개하고…… 마치 온 나라가 돌싱을 찬양하고 그들의 다음 '인연 만들기'에 열과 성의를 다하는 것처럼 보이는 것은 왜일까요?

　이것은 순전히 제 개인적인 추측이긴 합니다만, 결국 돌싱 열풍의 이면에는 시장 논리가 자리하고 있다는 의구심을 거둘 수가 없습니다. 주말, 어쩌다 예식장이 위치한 거리를 지나게 되면 몰려드는 차량으로 늘 길이 막히고 예식장 앞 도로는 잘 차려입은 하객들로 점령되다시피 한 풍경을 볼 수 있습니다. 끊임없이 쏟아져 나오고 또 몰려 들어가는 하객들과 공장에서 찍어내듯 삼십분에 한 번씩 신랑 신부가 나오는 것을 지켜보고 있노라면 혼인율이 갈수록 떨어져가고 있다는 뉴스 기사가 실감이 나지 않을 정도입니다. 한편으로 드는 생각은 이것입니다.

　'주말에만 벌어들이는 예식장 수익금이 대체 얼마일까?' 참 속물스럽지만, 높다란 층층마다 웨딩홀과 피로연장으로 꽉 채워진 화려한 빌딩을 보면 더더욱 그런 생각이 듭니다. 그러고 보니, 결혼을 통해 수익을 창출하는 건 예식장뿐만이 아닙니다. 남녀 회원을 유치해 매칭해주는 결혼정보업체, 신부와 신랑을 아름답게 꾸며주는 웨딩드레스 숍과 헤어 숍, 신랑신부에게 영원히 간직하고픈 추억을 기록물로 남겨주는 웨딩포토 전문 스튜디오, 하객들이 식사를 대접

받는 연회장 등등, 오로지 결혼하는 커플들을 상대로 하는 비즈니스의 규모가 상당하겠구나 하는 생각이 듭니다. 더구나 우리가 주위만 돌아봐도 실감할 수 있는 것처럼 결혼하는 남녀가 점점 줄어들고 있다면…… 왜 그렇게 각종 매체들이 돌싱의 재혼을 열심히 부르짖고 있는지 이해가 갑니다. 실제로 재혼 비율이 전체 혼인 건수의 약 3분의 1을 차지한다고 해요. 또 전문가들은 2~3년 내에 재혼이 전체 결혼의 절반 이상을 차지할 것으로 내다보고 있습니다. 얼마나 많은 돌싱들이 적극적으로 새로운 짝을 찾고 있는지, 또 돌싱들을 새로운 고객으로 유치하기 위해 다들 얼마나 부지런히 움직이고 있는지 짐작이 갑니다. 앞으로는 결혼 축하금을 두 번씩 내는 일이 별스러울 거 없이 흔한 경우가 될지 모르겠습니다.

한 가지 재미있는 사실은 재혼 시장에서의 여성의 위치는 확실히 을이 아닌 슈퍼 갑이라는 점입니다. 한마디로 재혼을 원하는 돌싱 남은 많은데 재혼을 원하는 돌싱녀는 턱없이 부족하다는 말입니다. 결혼정보회사들이 발표한 회원통계 자료를 보아도 남성 회원 수는 꾸준히 늘고 있는데 여성 회원의 비율은 갈수록 줄어들고 있는 것을 확인할 수 있습니다. 실제로 여자 돌싱들 중 많은 분들이 다시 결혼하느니 혼자 사는 것이 낫다고 말합니다. 인연을 만날 수 있다면야 좋겠지만 서두르고 싶지 않다고 말합니다. 심지어 어떤 분은 '내 인생에 더 이상의 남자는 없다' 며 강경하게 선언하기도 합니다. 그에 비해 남자 돌싱들은 이혼한 지 몇 달도 안 돼 재혼을 희망하는 경우가 압도적으로 많습니다. 이혼을 후회하는 쪽도 여성 돌싱보다는 남성 돌싱 쪽이 훨씬 많습니다. 혼자서는 끼니를 제때 챙겨먹는 등의 기본적인 일상생활도 제대로 하지 못하는 남성 돌싱들을 보면 참으로 안타깝기 그지없습니다.

문득 노후에 배우자와 사별한 경우, 할머니 쪽은 더 오래 건강하게 사는 데 비해 할아버지 쪽은 수명이 평균보다 줄어든다는 어느 통계가 떠오릅니다.

지금까지 살펴본 여러 가지 통계와 수치들이 보여주는 것은 분명해 보입니다. 확실히 우리는 더 이상 이혼이 별스럽지 않은 시대에 살고 있다는 것입니다. 이제는 아무도 이혼자를 이상한 사람으로 쳐다보지 않습니다. 아직은 약간의 문화적 저항이나 거부감이 남아 있을 수 있지만 배우자 간의 합의로 이혼하는 경우는 한쪽의 일방적인 잘못으로 치부하지 않게 되었습니다. 이혼남녀라는 명칭을 돌싱이라는 새로운 유행어가 대신하고 있듯, 이혼에 대한 사회적 인식은 크게 달라졌고 지금도 변하고 있습니다.

과거에는 배우자의 유기, 폭력, 외도 등에 의해서만 이혼이 가능했고 이혼하고 떠난 사람은 가정을 버린 사람, 나쁜 사람이 되기 일쑤였습니다. 인생을 사는 데 주변의 시선과 평가가 무엇보다 중요했습니다. 개인의 행복은 내가 속한 공동체의 안정과 평화와 긴밀하게 연결되어 있었고, 남녀의 성역할도 명확하게 구분되어 있었습니다. 그 틀에서 벗어나면 남자든 여자든 비난의 대상이 되었습니다. '모두와 같지 않은 것'은 그 자체로 잘못된 것이었고, 유별난 것은 비난의 대상이 되었습니다. 어찌됐건 주어진 상황을 꾹 참고 사는 게 바람직한 것이요 자랑이 되는 사회였습니다.

하지만 지금은 가장 중요한 것이 '나의 행복'이 되었습니다. '내 인생의 주인은 바로 나'인 것입니다. 그만큼 결혼에 대해 주체적인 입장을 가진 사람들이 많아졌습니다. 자식을 위해 희생하기보다는 자신의 행복을 우선시하게 되었습니다. 행복한 부모가 행복한 자녀를 만든다는 여러 연구 결과도 행복을 위해 이혼을 선택하는 수많은 부모들에게 힘을 실어주고 있습니다. 나를 불행하게 만드는 관계라면 그것이 설령 가족이나 부부의 연이라 할지라도 단호히 끊어내고 새롭게 출발하는 것이지요. 물론 그러기 위해서는 예나 지금이나 큰 용기와 과감한 결단이 필요하지만 말입니다.

망가진 행복, 회복할 수 있는가?

애석하게도, 최근 유행하고 있는 이미지와 달리 돌싱 라이프가 마냥 쿨하고 자유로운 것만은 아닙니다. 이혼은 여전히 인생을 뒤흔들 만한 일생일대의 사건이며, 제아무리 사회적 편견이 줄었다고 해도 개인적으로 심리가 위축되는 것은 어쩔 수가 없습니다. 본인이 적극적으로 원해서 주도적으로 이혼을 한 경우에도, 한동안 좌절과 우울감, 무기력증, 분노, 후회 등등의 부정적인 감정에 파묻혀 몇 달을 고군분투하며 보내는 경우가 대부분입니다. 남들이 뭐라고 하는 것도 아닌데 괜히 저 스스로 인생의 낙오자가 된 듯한 패배감에 휩싸이기도 합니다.

우리의 이성은 이혼이 선택인 시대를 살고 있습니다만, 어쩌면 우리의 감성은 여전히 이혼을 두려워하는 시대에 남아 있는지도 모르겠습니다. 배우자의 외도와 폭행에 시달리면서도 선뜻 이혼을 선택하지 못하고 살아가는 사람들의 사례를 보면, 아직 많은 사람들에게는 이혼녀·이혼남이라는 딱지보다는 고통스러운 결혼 생활이 덜 무서운 것은 아닌지 생각해보게 됩니다.

화려한 사진과 남부럽지 않은 인생들로 가득한 여성지를 한 장 한 장 들춰보노라면 잘나가는 남녀의 이혼 스토리 하나 정도는 으레 건질 수 있습니다. 자아실현을 위해, 꿈을 이루기 위해, 사랑을 포기하고 일을 선택했다는 것은 이혼한 유명 인사들의 단골 모토입니다. 그들의 이혼은 깔끔하고, 담백하고, 멋지기만 합니다. 왜 대개의 사람들에게는 구질구질하기 마련인 이혼이 유명한 사람들이 하면 우아해 보일까요? 그들은 유명하고 돈이 있으며 멋진 직업을 가졌고 멋진 외모를 하고 있기 때문일까요?

그러나 진실은 우리 인간 세상의 어떤 이혼도 결코 쿨하거나 멋지지 않다는 것입니다. 여성지 기사는 그저 반짝거리는 포장지일 뿐, 아무리 깔끔해 보이는 이혼도 그 이면을 들춰보면 심란하기 짝이 없는 비하인드 스토리와 싸움과 비방, 재산과 아이와 관련된 분쟁이 있습니다. 아무리 유명세에 가려져 있다 하더라도 이혼은 실패일 수밖에 없습니다. 주례사와 하객들 앞에서 엄숙히 선언했던 백년해로의 약속에 대한, 배우자로서 부모로서 최선을 다하겠다는 다짐에 대한 실패입니다. 물론 이혼은 결혼의 서약에 대한 실패일 뿐이지 인생 전체의 실패는 아닙니다. 그러나 이혼은 자랑거리가 될 수 있는 일도 아닙니다.

매스컴에서 기사화하는 화려한 돌싱의 삶은, 따지고 보면 매우 극소수의 혜택 받은 유명인들에게만 허용된 것이라는 사실 또한 우리는 금방 알 수 있습니다.

그렇다면 리본족, 즉 결혼시장에서 인기 있는 돌싱남이 되기 위한 조건들을 살펴볼까요?

첫 번째, 우선 경제력이 탄탄해야 합니다. 아파트 한 채와 중형급 이상의 자가용 정도는 소유하고 있어야 하지요. 변호사나 의사, 회계사 같은 전문 직업이나 공무원, 공기업 직원 등 안정적인 직업도 필수입니다. 경제적인 능력을 중요시하다 보니 요즘은 과거와 달리 사업가도 인기가 많다고 합니다. 꾸준한 운동과 취미 생활 등 자기 관리에도 부지런해야 하는 것은 물론입니다. 여기에 양육할 자녀가 없어야 한다는 것이 필수 조건이지요. 성격도 중요합니다. 털털하고 인간적이거나, 쾌활하고 유머러스하거나, 차분하고 온화함을 갖춰야 인기 있는 돌싱남의 대열에 낄 수 있습니다.

여성의 경우도 마찬가지입니다. 리본족 돌싱남 보다는 경제적인 조건이 큰 부분을 차지하지는 않습니다만, 전문적인 직업과 경제적 자립성은 꼭 필요합니다. 해외여행이나 쇼핑을 여유롭게 즐길 수 있는 정도의 수익을 올려야 '화려한 돌싱녀' 대열에 낄 수 있습니다. 인기 있는 돌싱녀는 무엇보다 외모적인 부분이 중요합니다. 나이가 어릴수록 유리하고, 얼굴과 몸매가 아름다울수록 더욱 유리해집니다. 상대방을 편안하게 해주는 화술과 매력적인 태도도 여기에 추가되어야 하겠지요? 세련된 취향과 미적 감각도 갖추고 있다면 금상첨화일 것입니다.

결국 인기 있는 돌싱녀, 돌싱남의 조건이라는 것은, 결혼시장에서 가장 선호하는 남녀 유형에 이혼 경력을 더한 것일 뿐인 것입니다. 즉 애초부터 상종가였던 사람은 이혼 경력쯤은 문제 삼지 않겠다는 것에 불과합니다. 엄친남, 엄친녀처럼 현실적으로는 거의 불가능에 가까운 환상남녀들이나 다름없습니다. 이와 달리 충분한 경제력이 뒷받침되지 않고 자기관리가 제대로 안 된 돌싱들은 초혼시장이건 재혼시장이건 어디에서나 외면당하는 게 현실입니다. 즉 '보통의 돌싱' 들에게 허락되는 삶은 절대로 만만하지가 않은 것입니다. 이혼만 하면 멋진 미래가 기다리고 있으리라 기대하는 수많은 돌싱들에게는 가슴이 답답해지는 현실이 아닐 수 없습니다.

실제로, 막연한 생각으로 돌싱의 세계에 뛰어들었다가 후회하시는 분들을 저는 종종 만나볼 수 있었습니다. 아무리 원해서 하는 이혼이라 하더라도 그 과정은 당사자나 상대방 모두에게 극심한 스트레스를 주기 마련입니다. 그런데 이혼 후 삶이 기대했던 것과 사뭇 다르다면, 이혼 과정에서 받은 상처는 좀처럼 회복되지 않겠지요. 이혼의 상처에 더불어 인생살이의 상처만 가중될 뿐입니다. 결국 평생을 후회와 좌절이라는 심리적 고통 속에서 살아가게 됩니다. 이혼만 하면 인생이 활짝 필 줄 알았는데, 이혼 뒤 더 어려워진 생계와 주변의 냉대에 상처를 입으며 하루하루 연명하듯 살아가고 있다

는 돌싱남녀의 하소연도 심심치 않게 들을 수 있습니다. 현실이 이
토록 냉혹할 줄 알았다면 이혼에 대해 좀더 신중하게 생각했을 거
라고 후회하는 분들도 많습니다.

때문에 많은 전문가들은 이혼을 부추기는 듯한 사회 행태에 대해
우려의 목소리를 보내고 있습니다. 한편으로 성급한 이혼을 방지하
기 위한 사회 서비스와 이혼 후의 삶을 지원해줄 사회 복지망의 구
축을 주장하고 있습니다. 또 점점 더 극명해지고 있는 돌싱 라이프
의 양극화 현상을 타개하기 위해서는 "현명하고 신중하게 이혼하
는 것이야말로 행복한 돌싱의 첫걸음"이라고 조언합니다. 단지 '갈
라져서 행복한 삶'이 아닌, 홀로 자립해서도 당당하고 행복하게 삶
을 꾸려갈 수 있어야 한다는 지적입니다.

독신과 돌싱의 차이는 생각의 차이인가?

　이혼에 대한 사회적 가치가 변화한 데는 매스컴의 역할도 무시할 수 없습니다. 이혼이나 이혼 자녀에 대한 내용이 드라마를 통해 안방으로 그대로 전달되면서 이혼을 바라보는 거부감이나 부정적인 관점이 많이 희석되었기 때문입니다. 대중에게 친숙한 연예인들의 공개적인 이혼도 일반인에게 이혼을 어렵지 않은 일로 인식시키는 데 지대한 영향을 미쳤습니다. 실제로 가수나 탤런트, 영화배우 등의 인기 연예인들은 일반인보다 쉽게 그리고 흔하게 이혼하는 것처럼 보입니다. 마흔을 훌쩍 넘길 때까지 싱글생활을 고집하는 연예인들도 부지기수입니다. 그들은 혼자 살지만 화려해 보이고 돌싱이지만 더 당당하고 멋져 보입니다. 연예인을 선망하는 일반 대중에게는 그들의 '싱글 라이프'가 기꺼이 따라 하고 싶은 세련된 생활양식처럼 보이기 마련입니다.

　돌싱과 함께 주목받고 있는 것이 바로 독신입니다. 모든 돌싱이 독신인 것은 아니지만, '독신시대'라고 불릴 만큼 혼자 사는 가구가 빠르게 늘어가고 있는 것은 돌싱의 증가와도 결코 무관하지 않을 것입니다. 얼마 전 모 방송국의 「나 혼자 산다」라는 제목의 예능 프로그램을 재미있게 본 적이 있습니다. 혼자 사는 남자들의 일상을 엿보는 형식 자체가 제겐 참 흥미롭게 다가오더군요. 노총각, 기러기 아빠, 자취생 등등 나이도 사연도 다양한 남자들이 각자 개성 있는 싱글 라이프를 즐기는 모습이 공중파 방송프로그램의 컨셉이 될 수 있다는 것 자체가 대한민국 독신자 층이 꽤나 두텁다는 것을 짐작하게 해줍니다.

또한 독신자의 증가 추세와 맞물려 '싱글 마케팅'이 주요한 소비 트렌드로 등장했다는 것도 이 같은 현실을 뒷받침해줍니다. 미니 가전제품, 소형가구, 1인용 식당, 작은 평수의 아파트 등이 인기를 끌고 있다는 사실도 이를 방증하고 있습니다.

이 모든 변화는 특히 여성들에게 더 많은 선택의 여지를 마련해 주었습니다. 집안일과 바깥활동을 분담하지 않으면 살기 힘들었던 과거와 달리, 요즘은 대형 마트에서 파는 인스턴트식품으로 간단하게 식사를 해결할 수 있게 되었으며, 여성도 남성 못지않게 높은 연봉을 받으며 일할 수 있게 되었고, 가사는 세탁기와 식기세척기가 대신하게 되었습니다. 피임 방법의 발달로 계획적으로 자녀를 가질 수 있게 된 것도 여성의 개성을 더욱 강화시켰습니다. 여성들은 더 이상 삶의 안정, 생존, 그리고 사회적인 안정을 위해 남성을 필요로 하지 않게 되었습니다. 남성 또한 크게 다르지 않습니다. 기술과 서비스의 발달은 과거처럼 집안 살림을 봐줄 내조자를 절대적으로 필요로 하지 않게 되었습니다. 남성성과 여성성의 구분도 희미해지면서, 요즘은 여자 못지않은 살림솜씨와 요리 실력을 갖춘 남자들이 참 많아졌습니다. 옛날처럼 흉이 되기는커녕 오히려 강력한 매력 포인트로 받아들여지고 있습니다. 남성이나 여성이나 싱글 라이프를 영위하는 데 유일한 걸림돌은 생활의 불편보다는 주위의 편견과 외로움의 문제에 달려 있으며, 이마저도 점차 희미해지고 있는 추세입니다.

독신인 이유는 매우 다양합니다. 처음부터 독신인 경우도 있지만 돌싱인 경우도 많습니다. 배우자의 사별이나 이혼으로 인해 독신 생활을 시작한 경우입니다.

제가 만나본 독신 중 삼십대 중반의 어느 사업가는 돌싱이었습니다. 그는 이제는 결혼할 생각이 전혀 없다며 "연애와 결혼은 엄연히 다르더라" 하고 손사래를 쳤습니다. 결혼의 뜨거운 맛을 제대로 본 것일까요? 비슷한 또래의 돌싱인 어느 여성도 "두 번 결혼하는 건 부담스럽다"며 재혼 가능성에 대해 선을 그었습니다.

"결혼한다고 해서 외로움이나 인생에 대한 불안감이 사라지는 건 아니더라고요. 그냥 결혼 같은 거 안 하고 연애만 하면서 혼자 살래요."

이것은 결혼을 경험하지 않은 독신들도 공통적으로 하는 얘기이기도 합니다. "가족이 있어도 외롭더라"는 깨달음이 수많은 남녀를 독신의 생활로 안내하고 있습니다.

자의 반 타의 반으로 독신이 되는 경우도 있습니다. 금융권에서 일하고 있는 어느 40대 남성분은 이른 바 '모태솔로'였다고 합니다. 밤낮으로 일에만 몰두하다가 연애도 못해보고 결혼 시기를 놓쳤다고 했습니다. 하지만 혼자 사는 삶에 이미 익숙해졌다며 "단지 외롭다는 이유로 누군가를 만나 결혼하고 싶지는 않다"고 얘기하더군요.. 이혼으로 돌싱이 된 친구들을 보면 차라리 독신이 낫다는 생각이 든다고도 했습니다.

돌싱은 해봤던 일이기에 결혼을 두려워하고, 독신은 가보지 않은 길이기에 결혼을 두려워하는 것처럼 보입니다. 그들의 얘기를 가만히 들여다보면 진정한 의미의 독신주의자는 의외로 없다는 사실을 발견하게 됩니다. 한결같이 "진정한 인생의 짝을 만난다면 독신생활을 청산할 의향이 있다"고 입을 모으고 있으니까요. 독신이 늘어나는 것도, 돌싱이 증가하는 것도, 결국은 관계의 부재가 판을 치는 요즘 세상의 이면인 것 같아 씁쓸해지기도 합니다. 다음 장을 볼까요?

돌싱을 선택했던 이유는 무엇일까?

일전에 답사차 가정법원을 찾아가본 적이 있습니다. 이혼 신청을 하러 온 사람들로 장내는 인산인해였습니다. 사연은 제각각이겠지만 남자들은 하나같이 머리는 떡이 져 있고 후줄근한 트레이닝복 차림에, 여자들은 다들 화장기 없는 얼굴 위로 기미, 다크서클이 짙게 얼룩져 있었습니다. 모두가 밤새도록 싸우다가 뛰쳐나온 듯한 모습들이었습니다.

젊은 사람뿐 아니라 나이가 많은 어르신들도 많았습니다. 2012년인 지난 해 특히 50대 이상 인구에서 이혼이 늘었다는 얘기를 앞에서 했었지요? 예전에는 확실히 이혼은 젊은 사람들의 이야기였는데 이제는 그렇지도 않은 듯해 보입니다. 50대 이상 장·노년층에게 갑자기 금슬이 나빠지는 이혼 바이러스라도 퍼진 걸까요?

이혼 당사자들의 사례를 살펴보면, 노년층의 이혼은 갑자기 사이가 나쁜 부부가 늘어났기 때문이 아니라 이혼할 수 있는 여건이 늘어났기 때문임을 알 수 있습니다. 예전에는 이혼하고 싶어도 돈이 없어서, 혹은 사회적 시선 때문에 할 수가 없었을 뿐이지요. 특히 황혼이혼에서는 여성 측의 이혼 제기가 80%에 이릅니다. "노년에라도 행복하게 살고 싶다"며 오랜 세월 가부장적인 남편 밑에서 쌓인 스트레스를 호소하는 여성들의 이야기를 듣고 있노라면 '자식들 때문에', '주변 사람들 보기 창피해서', '혼자 살 경제적 능력이 없어서' 등의 이유로 이혼을 꺼리던 것은 정말 옛날이야기가 되었다는 것을 새삼 느끼게 됩니다. 결국 노년 이혼이라고 해서 특별할 건 없는 것입니다.

최근 들어 경제문제에 1위 자리를 내어주기는 했지만 한동안 이혼 사유의 가장 많은 부분을 차지했던 것이 바로 '성격차이' 였습니다. '성격차이' 라 쓰고 '성적차이' 라 읽는다는 우스갯소리도 있습니다만, 이 성격차이야말로 부부 사이의 갈등과 이혼이라는 결말을 가장 잘 설명하는 적절한 표현처럼 받아들여지곤 했습니다. 하지만 성격차이라는 똑같은 이유를 들어 이혼을 원하는 부부라 할지라도 그 내용을 더 깊이 따지고 들어가면 각자의 사정이 모두 제각각으로 다르며, 여성과 남성에 따라, 연령에 따라 미묘한 차이가 존재한다는 것을 알 수 있습니다.

1970년대까지만 하더라도 여성들이 가장 많이 제기한 이혼 사유는 바로 배우자의 부정이었다고 합니다. 과거 우리나라 여성 운동가들이 최초로 추진했던 운동이 '축첩제 폐지'였으니, 남편의 외도와 부정이야말로 기혼 여성들을 괴롭히는 가장 심각한 문제였으리라는 것을 짐작할 수 있습니다. 불과 50년 전까지만 해도 우리 사회에서 웬만큼 지위와 경제력 있는 남성이 '첩'을 둔다는 것은 그리 별스러운 일이 아니었으니, 그 이전 우리 할머니 세대들은 더 말할 것도 없을 것입니다. 특히 대를 잇는 것은 결혼한 여자들의 가장 큰 소명이었습니다. 자식을 낳지 못한다고 해서 맨발로 쫓겨나는 경우도 부지기수였으며, 아들을 낳지 못한 경우에는 바깥에서 아이를 낳아 오는 것을 당연한 일로 여겼습니다. 하지만 세월의 흐름에 따라 찾아온 평등한 교육의 기회와 더불어 근현대의 여성들은 점차 이러한 첩을 두는 문화에 저항하게 되었고, 그 결과 '배우자의 외도'가 이혼 사유의 1위로 떠오르게 된 것이었습니다. 이 또한 세월의 흐름에 따라 외도가 원인이 되는 경우는 점차 그 비율이 감소했고, 이제는 성격차이와 경제문제가 가장 대표적인 이혼 사유로 등장하게 된 것이지요.

예전에는 여자가 많이 참고 살았습니다. "북어랑 마누라는 사흘에 한 번씩 패야 한다"는 야만적인 소리가 농담이랍시고 시중에 아무렇지 않게 떠돌 만큼 아내들 입지라는 게 참 처참하기 짝이 없었습니다. 맞아도 참고 바람 피워도 참고 돈 못 벌어다 줘도 참아야 했습니다. 이유는 딱 하나. 경제적으로 자립할 능력이 없었기 때문입니다. 그러나 요즘은 어떻습니까? 맞벌이는 필수요, 전업주부로 살았다 하더라도 의지만 있으면 국가 지원 등을 받아 얼마든지 직업 전선에 뛰어들 수 있습니다. 여자라고 해서 먹고 살 길이 막막한 시대가 아니라는 것이지요. 급증하는 이혼율에는 높아진 여권도 분명 영향이 있습니다.

남성들의 경우 성격차이 다음으로 가장 많이 제기하는 이혼 사유가 '악의적 유기', 즉 배우자의 가출입니다. 정상적인 이혼 절차를 밟지 않고 '집을 도망쳐 나간' 아내를 포기하는 것이지요. 속사정을 속속들이 알 수야 없지만 이러한 지표들도 여성보다는 남성이 이혼에 소극적인 것을 짐작하게 해줍니다. 또한 남성들의 사례를 보면 연령대의 높고 낮음을 떠나 아내의 헌신과 인내를 당연하게 생각하는 경향이 강하다는 것을 알 수 있었습니다. 특히 연령대가 높을수록 아내가 자신을 제대로 대접하지 않는다며 불만을 토로하는 경우가 많았습니다. 남녀차별과 가부장 중심의 사고방식에 사로잡혀 이혼의 진짜 이유를 끝까지 알지 못하는 남성분들이 많아 안타까운 마음이 들었습니다.

1~2년 사이 이혼 사유의 당당한 1위를 차지하게 된 경제문제도 한번 짚고 넘어가겠습니다. 많은 매체들에서 '경제문제'가 이혼 1순위로 오른 것을 보고 경제적 어려움 때문에 파경을 맞는 부부들이 늘었다고 단순 보도하고 있습니다만, 저는 그렇게 생각하지 않습니다. 월급이 줄거나 실직이 된다고 해서 모두가 이혼하는 것은 아닙

니다. 부부간에 믿음이 있고 이해와 배려가 있다면 경제적인 위기에 처한다 해도 가족이 똘똘 뭉쳐 위기를 극복하는 경우를 얼마든지 볼 수 있습니다. 어쩌면 경제문제가 1위에 오른 것은 돈에 대한 이야기를 대놓고 말하기 꺼려하는 풍조 때문에 결국 문제는 돈인데도 그것을 성격차이나 가정 내 불화로 돌려서 표현하던 과거의 습성이 바뀐 것뿐인지도 모릅니다.

경제 문제는 '누가 얼마를 버느냐' 보다 '돈을 쓰는 습관' 이 서로 다른 것이 문제가 되는 경우가 많습니다. 예를 들어 부부가 50만원을 가지고 여행을 간다고 칩시다. 아내는 오랜만의 여행이니만큼 좋은 호텔에서 자고 맛있는 음식도 많이 먹고 분위기 좋은 곳에서 와인도 마시는 등 기분 좋게 노는 데 돈을 쓰고 싶어 합니다. 그런데 남편은 그냥 저렴한 숙박업소와 식당을 찾아 숙식과 끼니를 해결하고, 남는 돈으로 특산물을 사서 부모님들 선물하는 데 쓰고 싶어합니다. 만약 이 문제에 대해 서로 양보와 타협이 이루어지지 않는다면, 과연 이들 부부의 여행이 즐거울 수 있을까요?

아무리 연봉이 높고 보너스를 듬뿍 탄다고 해도, 아무리 돈이 많고 경제적으로 여유롭다고 해도, 각자 중요하게 여기는 것이 다르고 자기가 원하는 쪽에만 돈을 쓰려고 한다면 결국 파경을 맞을 수밖에 없습니다. 일상생활 곳곳에서 '돈을 어떻게 어디에 쓰느냐' 로 충돌이 일어난다면 이것이 바로 이혼 사유가 되는 경제문제가 되는 것입니다. 그러니 돈이 없다고 이혼을 한다니 세상 각박하다, 씁쓸하다, 개탄할 문제는 아니라고 봅니다. 논을 보고 결혼한 경우가 아니고서야, 경제문제는 부부의 믿음과 타협으로서 극복할 수 있는 것입니다. 이처럼 '성격차이' 에도 많은 일화가 숨어 있듯이 '경제문제' 항목에도 색깔이 다른 각양각색의 사연들이 숨겨져 있는 것입니다.

이혼한 이들도 사랑을 찾아야 한다

　솔직히 말해 저는 이혼을 찬성하는 사람은 아닙니다. 그렇다고 해서 불행한 결혼생활을 유지해야 한다고 주장하는 입장도 아닙니다. 결혼생활이 나를 불행하게 한다면, 나의 영혼을 좀먹고 있다면, 이혼은 나의 행복추구권을 회복하기 위해 고려해볼 만한 사항인 것은 분명합니다.

　이혼이 부담스럽다는 이유로 고통스러운 결혼 생활을 참고 버티는 것은 요즘 세상에 참으로 미련스러운 일로 보입니다. 이혼이 장려되어서는 안 되겠지만, 이혼하는 것 자체를 두려워해 답이 없는 결혼 생활을 무조건 참고 버티면서 지속한다는 것도 분명 문제가 있습니다.

　만약 이 책을 읽는 당신이 고통스러웠던 결혼 생활에서 탈출한 생존자라면, 저는 기꺼이 당신에게 응원과 격려의 박수를 보내드리고 싶습니다. 만에 하나 당장의 자존심과 일시적인 불만 때문에 별 다른 노력 없이 막연한 기대로 결혼생활을 청산한 분이라면, 안타깝기야 하겠지만 그럼에도 격려와 위로의 말을 전할 것입니다. 아마 지금 가장 힘든 시기를 보내고 있을 테니까요. 다음 사례를 볼까요

"전남편과 한 집에서 숨을 쉬고 있다는 것만으로도 참을 수가 없었습니다. 이혼만이 살 길이라고 생각했지요. 집요한 설득 끝에 결혼 2년 만에 이혼 서류에 도장을 찍었습니다. 탄탄한 직장에 다니고 있겠다, 자녀도 없겠다, 얼마든지 새롭게 인생을 출발할 수 있을 거라고 생각했습니다. 염려하는 부모님에게도 더 잘살겠노라고 큰소리를 쳤었지요. 하지만 갑자기 회사에 구조조정의 피바람이 불고, 등 떠밀리듯 회사를 나오게 되면서 제 인생은 나락으로 곤두박질치고 있습니다. 지금은 몇 달째 재취업을 준비하고 있는 입장입니다. 하지만 경력만 화려한 나이 든 여자를 써주려는 곳이 없네요. 제가 해온 일에 대한 미련을 버리고 새로운 일을 찾아야 하는데 이 모든 게 두렵고 무섭기만 합니다. 비로소 세상의 냉정함이 피부에 와 닿는 것 같아요. 친구들은 제게 모든 게 잘될 거라고 용기를 북돋아주지만 그냥 하는 말일 뿐, 다들 살림과 육아에 전념하고 있는 터라 자주 만나는 것도 쉽지 않습니다. 게다가 얼마 전에 전 남편이 재혼했다는 소식을 들었어요. 저와 결혼생활을 할 때와는 달리 가정적이고 자상한 남편 노릇을 하고 있다고 해요. 왜 저와 살 때는 그러지 않았는지, 혹시 내가 너무 빨리 마음의 문을 닫아버린 건 아닌지, 원만한 결혼생활을 위해 충분히 노력하지 않은 것만 같아서 전 남편

은 물론 나 자신에게도 화가 납니다. 지금은 깜깜한 우물 밑바닥에 갇혀 있는 기분입니다. 이혼이 제 인생의 해방구가 될 줄 알았는데, 제가 열고 나온 문은 가파른 낭떠러지에 달린 것이었나 봅니다.”

최근 저와 대화를 나눈 어느 사십대 초반 돌싱녀의 고백입니다. 인상도 참하고 능력도 있으니 누가 보아도 그녀는 새롭게 인생을 시작하는 데 아무런 무리가 없었습니다. 하지만 예기치 않게 직장을 잃으면서 그녀는 자신감에 큰 타격을 받은 듯 보였습니다. 더구나 이혼 후 후련하기만 할 줄 알았는데 결혼생활을 유지하기 위해 진실로 최선을 다하지 않은 것 같아 이런저런 미련이 많이 남아 가끔씩 후회스럽다고 했습니다. 그 후회의 감정이 더더욱 그녀의 발목을 잡는 듯 보였습니다.

시간은 되돌릴 수 없습니다. 인생은 흘러가는 강물과 같아서, 지나온 길을 다시 지나지 않습니다. 하지만 또한 인생은 강물과 같아서, 얼마든지 모양을 바꾸고 물살의 세기와 깊이와 폭에 변화를 줄 수 있습니다. 여러분이 결혼생활에서 상처를 받았든, 상처를 주었든, 오판을 하였든, 성급한 결정을 내렸든, 앞으로는 과거의 실수를 발판 삼아 같은 시행착오를 거치지 않고 행복의 길에 이르는 문에 더 쉽게 도달할 수 있을 것입니다.

더디게 나을지언정 어떤 상처든 결국 아물게 되어 있습니다. 일부러 그 상처에 계속해서 생채기를 내지 않는다면 말입니다.

러시아의 대분호 도스토예프스키가 부부에 대해 아주 기가 막힌 말을 남겼습니다. "아내에게 있어서 남편이 소중한 때란, 남편이 없을 때"라고 말입니다. 아내를 남편으로, 남편을 아내로 바꿔 읽어도 무방하겠지요. 많은 돌싱들이 이혼의 과정에서 비로소 행복한 결혼 생활, 행복한 인생에 대해 진심으로 고민하게 되었다고 고백합니다. 막연하게, 충동적으로, 대수롭지 않게 결정했던 일들이 얼마나 중요한 것들이었는지 비로소 깨닫고 그 무게에 놀랐다고 합니다.

돌싱은 화려한 귀환자라기보다 상처받은 사람들입니다. 믿었던 것에 배신당한 사람입니다. 노력했으나 씁쓸한 패배의 잔을 마신 사람들입니다. 최선을 다했으나 그 과오를 고스란히 짊어진 사람들입니다. 그런 점에서 저는 돌싱이야말로 행복을 찾을 자격이 있다고 봅니다. 성숙한 사랑을 할 준비가 된 사람들이라고 봅니다. 실패가 성공의 어머니이듯, 인생의 고난은 행복에 이르는 과정이요, 스승이기 때문입니다.

영원히 사랑해줄게

남자와 여자는 선택부터 다르다

아무리 뜨거워도 언젠가는 식는다

'누구든 좋다' 는 사랑이 아니다

여자는 절망한다

난 이제 이별하고 싶어

남자와 여자는 선택부터 다르다

　많은 사람들이 남들도 하니까, 늦으면 힘들다니까, 혼자 있는 것보다 좋을 것 같으니까, 나이가 찼으니까, 외로운 게 싫어서, 부모님이 원하시니까 결혼을 합니다. 결혼은 누구를 위해서 해주는 자원봉사 같은 것이 아닌데도 말이에요.

　물론 대부분의 사람들은 사랑하기 때문에 결혼합니다. 사랑에 빠지고, 그 사람과 평생을 함께하는 삶을 꿈꾸고, 그럴 수 있다고 믿기 때문에 결혼을 감행합니다. 문제는 많은 분들이 눈에 '콩깍지가 씌인' 상태로 결혼을 결정한다는 데 있습니다.

　결혼을 앞둔 신랑 신부는 철석같이 믿습니다. 두 사람의 사랑은 완전하다고. 다이아몬드보다 더 단단하고, 따라서 변하지 않을 것이라고. 둘이 함께라면 어떤 어려움도 극복할 수 있을 거라고 믿어 의심치 않습니다.

　그러나 우리가 간과하고 있는 사실은 '사랑은 완전해도 사람은 완전하지 않다'는 사실입니다. 불완전한 사람끼리 모여서 생활을 꾸려 가는데 어찌 잡음이 일어나지 않겠습니까? 결혼생활이 마냥 행복할 것이라는 기대, 나의 배우자가 완벽할 것이라는 환상은 결혼생활에 매우 해로울 뿐입니다. 현실을 제대로 이해하지 못하고 한없이 높게만 설정된 기대치는 갈등이 일어났을 때 그것을 현명하게 해결할 방법을 원천봉쇄하기 마련입니다.

미국 어느 대학에 헬렌 피셔라는 교수가 인간의 뇌를 연구한 결과 사랑의 3단계 과정을 밝혀냈다고 합니다. 첫 번째 단계가 '갈망', 두 번째 단계가 '강한 끌림'의 단계입니다. 이때 일어나는 심리가 바로 상대방이 24시간 보고 싶어 견딜 수가 없고 얼굴만 떠올려도 배시시 웃음이 나오게 되는 상태입니다. 상대방과 얽힌 일이라면 무엇이든 긍정적으로 해석하고 그럴듯한 의미를 부여하는 '이상화 과정'도 이때 일어납니다. 상대방의 얼굴을 하루 종일 보고 있어도 질리지 않는 상태. 같이 하염없이 걷기만 해도 행복한 상태. 한마디로 사랑에 눈이 먼 상태. 이런 상태가 평생 유지될 수 있다면 얼마나 좋겠냐마는, 아쉽게도 이러한 끌림의 단계는 최장 3년밖에 가지 않는다는 게 학계의 결론입니다. '사랑에 빠졌다'라고 말할 수 있는 상태는, 즉 강렬한 황홀감을 주는 호르몬이 분비되는 기간은 길어야 3년이라는 것이지요. 그러다 자연의 이치에 따라 호르몬의 분비가 멈추었을 때, 사랑이 식었느니 하는 소리가 나오는 겁니다.

언제인가부터 남편의 코고는 소리, 이빨 가는 소리가 귀에 거슬리기 시작하고 참을 수 없게 됩니다. 마냥 사랑스럽기만 했던 화장기 없는 아내의 맨얼굴이 어느 날 갑자기 초라하고 밋밋해 보이기 시작합니다. 전에는 귀여워만 보였던 이런저런 습관들이 꼴 보기 싫은 짓들로 바뀝니다. 함께 있어도 별 감흥이 없고, 함께 보내는 시간이 지겨워지기 시작합니다……. 이처럼 권태기에 든 것을 사랑이 식은 것으로 오해하는 사람들이 많습니다. 상대방의 단점이 보이지 않게 눈을 가렸던, 즉 소위 '눈에 콩깍지를 씌운' 상태로 만들었던 호르몬의 분비가 중단된 것일 뿐인데 말입니다.

실제로 미국의 이혼 전문 기관의 조사에 의하면 결혼 후 4년 안팎의 기간에 가장 많이 헤어지는 것으로 나타났습니다. 가슴을 설레게 하는 사랑의 호르몬 분비가 끝나고, 이런저런 상황에 따라 무늬만 부부인 생활을 유지하다가 결국 그마저도 참을 수 없는 지경에 이르러 서로에게 작별을 고하는 것이겠지요. 열정적인 사랑의 종말과 함께 결혼생활도 종말을 맞이하는 것입니다.

또 요즘은 사랑이라는 감정과 상관없이 조건만 따져 결혼하는 경우도 많습니다. 옛날처럼 집안끼리 상의해 당사자들의 의견과 상관없이 결혼을 결정하는 시대도 아닌데 그렇습니다. 연봉이 높은 직업인지, 외동인지 아닌지, 부모의 노후가 보장되어 있는지 아닌지, 참으로 꼼꼼하게 따져서 결혼 상대자를 고릅니다. 우리의 희망과 달리 '에로스는 영원하지 않다' 는 것이 대중에게도 널리 알려진 덕분에, 사랑에 의지한 결혼을 불신하게 된 탓이 클 것입니다.

'결혼은 현실' 이라는 유명한 명제와 함께 요즘 여성들 사이에서 '취집' 이라는 말이 유행한다고 합니다. 아시다시피 시집을 잘 가면 취업한 것이나 마찬가지라는 의미입니다. 풍족한 재산과 안정적인 직업을 가진 배우자를 얻어 평생직장을 구한 듯 안락하게 살고 싶다는 것이지요. 남자들도 크게 다르지 않아서 이른바 '셔터맨' 이 되는 게 꿈이라는 소리를 공공연하게 합니다. 능력 있고 수더분한 와이프를 만나 속 편하게 소일거리나 하며 지내는 것을 최고로 이상적인 결혼으로 치는 것입니다. 그러나 이렇게 이리저리 따지고 실컷 계산기를 두드려 결혼을 한 경우에도 실전으로 부딪치는 생활의 만만치 않음에 "대박 치려다 쪽박 찼다" 는 한탄을 하기 십상입니다. 결혼은 결코 만만한 상대가 아니어서, 제아무리 무난하게 보이는 결혼생활도 실상을 들여다보면 해결하기 어려운 난제가 한두 가지 있는 것이 아닙니다.

결국, 어쩌면 우리가 결혼하는 이유는 결혼에 대해 잘 모르기 때문에, 결혼에 대해 터무니없이 오해하고 있기 때문인지도 모르겠습니다. 결혼생활이란 불균형에서 균형으로, 불완전에서 완전을 향해 끊임없이 나아가는 과정입니다. 또한 결혼생활은 구두와 하이힐을 신고 걷는 가로수의 산책길이 아니라, 밑창이 튼튼한 등산화를 신고 생존 도구로 가득한 무거운 배낭을 멘 채 서로를 끌고 격려하며 올라야 하는 험준한 산길입니다. 이것을 외면한 채 결혼생활에 대해 환상과 막연한 기대만 갖고 결혼을 감행한다면 예기치 못한 난관에 부딪칠 때마다 쉽게 좌절하고 문제로부터 도망갈 생각부터 하게 되는 것이지요.

다음의 예는 바람직하지 않은 결혼의 유형들입니다. 흔하지는 않지만 결코 드물지도 않은 사례들입니다.

사례 1) 현실 도피성 결혼

"사는 게 너무 지긋지긋했어요. 코딱지만 한 사무실에서 매일 상사들의 커피 심부름하는 것도 지겨웠고, 쥐꼬리만 한 월급이 몇 년째 오르지 않는 것도 지겨웠고, 친구들 결혼식에 축의금만 내러 다니는 것도 지겨웠어요. 무엇보다 집에만 가면 숨이 막혔어요. 허구한 날 '서방 복 없으니 자식 복도 없다' 고 한탄하는 어머니, 술만 마셨다 하면 주사를 부리는 아버지, 몇 년째 방 안에 틀어박혀 지내는 두 살 터울의 백수 오빠. 제가 버는 돈은 죄다 생활비로 들어가고 몇 푼 모을 수도 없었어요. 미래가 보이질 않았어요. 그러다 같은 회사에 다니는 열 살 차이 나는 노총각 선배랑 술 한잔 하다가 사고를 치고 말았어요. 뭐 저한텐 사고였는데 선배한테는 아니었는지 결혼하자고 하더라고요. 자기한테 시집오면 평생 잘해주겠다, 몸만 오면 된다고 하는 말에 혹한 것 같아요. 그 선배를 사랑한 건 아니었지만 인생 더 꼬일 일 있으랴 싶어 그냥 승낙했어요. 서로가 어떤 사람인지 충분히 알아보지도 못한 상태에서요. 같이 살아보니 선배는 아버지처럼 술만 마시면 폭언을 퍼붓는 등 속이 좁고 의심이 많은 사람이었어요. 제 발등 제가 찍은 것 같아서 괴로웠습니다."

사례 2) 애정 결핍형 결혼

"저는 평생 연애를 해본 적이 없었어요. 남들보다 뚱뚱하고 못생겼거든요. 빈말로라도 인상 좋다는 얘기도 듣기 힘든 얼굴이지요. 그래서 공부만 했어요. 성공만이 살길이라고 생각했으니까요. 다행히 좋은 대학을 나왔고 유학도 다녀왔고 그 어렵다는 공기업에도 들어갔어요. 하지만 여전히 연애는 하지 못했어요. 소개팅은 몇 번 했지만 누구도 애프터를 신청하지 않더라고요. 일단 제가 자신감이 없으니까 적극적으로 뭘 어떻게 해볼 생각을 못했어요. 그러다 지인을 통해 들어온 소개팅에 별 기대 없이 나갔는데, 그 사람이 제게 무척 친절하게 구는 거예요. 절 여자로 대해준 사람은 그가 처음이었어요. 첫 키스도 그 사람과 했고, 첫 잠자리도 그 사람과 함께했어요. 제게 무리한 요구를 해올 때가 많았지만 그때는 그게 단점이라는 생각을 추호도 하지 못했어요. 저보다 학력이 떨어지고 하는 일이 미심쩍어도 상관하지 않았어요. 주변에서 다 말리는데 결혼을 감행했어요. 이 세상에서 절 좋아해준 유일한 남자였으니까요. 결혼하고 나서야 알았어요. 그한테 여자들이 많았다는 걸. 내 직업을 보고 결혼했다는 걸. 바람피운다는 걸 알고 따졌더니 바로 주먹이 날아오더군요. 결혼 3년 내내 맞고 살았어요. 친정언니가 제 멍든 얼굴을 보고 고발하지 않았다면 이혼할 생각을 아직도 못했을 거예요."

사례 3) 친구 따라 강남형 결혼

"나이는 먹어가고 친구들은 하나둘 결혼하고 애 낳고……혼자서도 멋지게 살 자신이 있었는데 어느 순간부터 점점 겁이 나더군요. 일단 예전처럼 술 한잔 하자고 불러낼 친구가 없는 거예요. 뉴스에서 고독사 얘기가 나올 때마다 내 미래인 거 같아서 무섭고 불안하고. 그래서 결혼정보업체에 가입해서 부지런히 소개를 받았어요. 그중에 조건이 제일 무난한 사람과 결혼했고요. 딱 내 스타일이랄 수는 없었지만 혼자 늙어가는 것보다 낫겠다고 생각한 거지요. 아마 아내도 그렇게 생각했던 것 같아요. 조건이 맞는 사람끼리 결혼한 거지요. 하지만 같이 사는 세월이 길어져도 좀체 깊은 애정이 안 생기더라고요. 부부관계도 항상 의무방어전으로 하게 되고, 설상가

상 아이도 안 들어섰어요. 결국 서로 합의하에 무늬만 부부생
활을 청산하기로 했습니다."

사례 4) 효도형 결혼

"제가 삼십대 중반이 되었을 때 아버지가 시한부 암선고를
받으셨어요. 집안에서 제가 장남이었기 때문에 부모님은 아버
지 돌아가시기 전에 장가들기를 원하셨어요. 사실 당시 제가 마
음에 두고 있던 후배는 외국에서 유학 중이었거든요. 그 후배가
돌아오면 제 마음을 고백해볼 생각이었는데, 부모님에게 그 얘
기는 도저히 입이 안 떨어져서 못하겠더라고요. 후배가 귀국하
려면 1년 이상은 기다려야 했으니까요. 그래서 집안에서 중매
를 서준 아가씨와 별 마음 없이 결혼했습니다. 다들 제 아내가
현모양처에 복덩이라고 해요. 결혼한 뒤로 아버지 증세가 갑작
스레 호전되어서 지금도 건강하게 살아계시거든요. 하지만 전
아내를 안을 때마다 죄책감이 듭니다. 아내를 사랑하지 않는 것
같아서요. 그 후배와 결혼하면 어땠을까 하는 생각이 자꾸 납니
다. 게다가 얼마 전 동창 모임에 갔다가 그 후배가 귀국했다는
소식을 들었어요. 제가 결혼했다는 소식을 듣고 크게 아쉬워하
더래요. 그 말에 어찌나 심란해지던지……. 아버지를 위해 결혼
은 했지만, 제 인생은 어디에 있는 건지 잘 모르겠습니다."

위의 예시늘을 통해 알 수 있다시피 사랑에 빠져 결혼했든, 현실 도피를 위해 결혼했든, 부모님한테 효도하는 마음으로 결혼을 했든, 결혼에 대해 진지하게 고민하지 않고 그 실체를 제대로 알지 못한 채 결혼한 사람은 열에 열 모두가 결혼을 후회하는 순간을 맞이하게 됩니다. 하지만 한 가지는 잊지 말아야 할 것입니다. 모두 제 발로 식장에 걸어 들어갔다는 사실을요!

아무리 뜨거워도 언젠가는 식는다

'난 어쩌다 돌싱이 되었을까?' 이 질문을 스스로에게 던지기 전에 먼저 생각해보아야 할 문제가 있습니다. "나는 왜 결혼을 했을까?" 결혼을 하지 않았더라면 이혼도 하지 않았을 것이고, 잘못된 결혼이야말로 이혼의 원인이기 때문입니다. 또한 결혼도 이혼도 바로 '나 자신'이 선택한 일이기 때문입니다. 진정으로 행복한 돌싱의 반열에 들고 싶다면 이혼을 이르게 된 과정을 차분하게 반추해보고, 그 과정에서 얻은 상처를 치유하고 극복해야 합니다. 이혼을 내 인생을 한 단계 업그레이드 시킬 반면교사로 삼는 것입니다. 이혼 자체를 내 인생을 한 단계 업그레이드하기 위한 하나의 큰 수업으로 삼기로 마음먹는다면, 지금 여러분이 겪고 있을지 모를 모든 감정적 고통과 불안은 더 이상 끝이 보이지 않는 고통이 아니라 얼마든지 이겨낼 수 있는 시험에 불과한 것이 되리라 믿습니다.

"이혼은 불행한 일이다, 그러나 이혼하지 못하는 것은 더 큰 불행이다"라는 말이 있습니다. 언젠가 이혼에 대해 다룬 책에서 읽었던 구절입니다. 이보다 더 이혼의 아픔과 필요성에 대해 적절하게 표현한 말이 있을까요. 이혼은 새로운 기회입니다. 이혼은 힘들고 고통스러웠던 과거를 떨쳐버리고 새로운 출발을 하기 위한 적극적인 의사 표현이자 행동입니다. 힘들고 지난한 결혼생활에 갇혀 있느라 팽개쳐 두었던 자아를 되찾고, 아픔을 바탕으로 새로워진 나를 바로 세우며, 지난 시간을 반성하고 돌아봄으로써 이후의 삶을 더 올바른 방향으로 개척해나갈 수 있는 기회인 것입니다.

하지만 불가피한 이혼, 심사숙고한 결정이라 하더라도 거기에 따르는 정신적 충격은 누구도 피해갈 수 없습니다. 폭력과 외도로 얼룩진 지옥 같은 시간이었건, 무시와 냉대로 점철된 건조한 시간이었건, 지나온 결혼생활의 무게와 고통은 다 제각각이고 이혼에 이르기까지의 혼란과 결심의 시간도 다 다르겠지만 다만 이혼 후의 우울과 좌절의 시간은 모두가 똑같이 느끼는 후폭풍인 것입니다. 거쳐야 할 고통의 시간은 정해져 있는 반면 딱히 도움을 받을 곳이 없는 것도 문제입니다. 주변에 좋은 사람들이 있다고 하더라도 적절한 도움을 받는 데 한계가 있습니다. 주변에서 생각해서 충고해주는 말이라고 해봤자 아픈 기억 빨리 잊고 좋은 짝을 만나 재혼하라는 정도가 고작입니다. 하지만 과연 "빨리 잊는 것"만이 능사일까요? 이혼 후 자기 자신에 대한 처절한 반성이야말로 이혼을 창조적 사건으로 만들기 위한, 그리고 새로운 인생을 살아가기 위해 꼭 거쳐야 할 아주 중요한 단계가 아닐까요.

　흔히 사람은 두 번 태어난다는 말이 있습니다. 첫 번째가 부모로부터 태어나는 것이고, 두 번째가 결혼하여 새로운 가정을 형성함으로써 다시 태어나는 것을 의미합니다. 결혼을 통해서만이 진정한 어른이자 제대로 된 사회 구성원이 될 수 있다는 의미이지요. 그래서 예부터 혼인을 인륜지대사(人倫之大事)라고 했습니다. 말 그대로 사람으로서 마땅히 행해야 하고 또 행할 수 있는 가장 큰 덕목이라는 뜻입니다. 그만큼 혼인은 인생에서 가장 중요한 것이었습니다.

　중요한 것은 출생은 내 뜻대로 이루어지는 일이 아니지만, 결혼은 내가 선택한 사람과 한다는 차이가 있다는 것입니다. 또 부모님은 내게 조건 없는 사랑을 무한정 주는 존재이지만, 배우자와는 애정을 ‘기브 앤 테이크’ 해야 한다는 점도 다릅니다. 한쪽만 주는 사랑, 한쪽만 받는 사랑은 언젠가는 결국 파국으로 치닫기 마련입니다. 결혼은 쌍방의 희생과 배려, 인내 속에서 완성되는 것이지 어느 한쪽의 일방적인 희생과 배려, 인내로는 결코 행복하게 유지될 수 없기 때문입니다. 하지만 많은 사람이 상대방으로부터 어머니와 같은 무한한 애정을 받기를 원하고, 이것이 충족되지 않을 경우 쉽게 좌절하고 사랑에 대해 의심하게 됩니다. 사랑에 대한 기초가 부실하거나 사랑의 정의에 대해 오해하고 있는 사람이 많은 것입니다. 결혼도 마찬가지입니다. 행복한 결혼생활을 유지하기 위해서는 부부의 무한한 신뢰와 희생이 밑받침되어야 합니다. 하지만 사람들은 겉모습만 보고 행복한 결혼생활의 조건을 정의내립니다. '이 사람은 이러저러한 조건을 갖추고 있으니 결혼해도 되겠다' 하고 평생을 약속해버리는 것입니다. 성공적인 결혼은 결단코 '조건'에 달려 있지 않은데 말입니다. 전제가 잘못되었으니 과정도 힘들고 결과도 만족스럽지 못할 수밖에 없는 것입니다.

이혼이 흔한 일이 되어버리고 이혼 후 삶에 대한 근거 없는 청사진이 미디어에 의해 유통되면서, 많은 분들이 이혼 후의 생활에 대해 막연한 상상만 하는 경우가 많습니다. 구체적으로 현실적 대안을 마련하고 이혼을 해야 하는데 '홧김에' 도장을 찍는 경우도 종종 있습니다. 당장 내가 탄 배에 불이 붙었으니까, 수영을 하건 못하건 일단 물로 뛰어들고 보는 것과 마찬가지로 이혼을 하는 것입니다. 요행히 구명조끼를 입었거나 평소 수영 연습을 꾸준히 한 사람은 살겠지만, 그렇지 않으면 이혼했다고 해서 불행 끝 행복 시작이 될 수 없지요.

그래서 사실 이혼은 무척 신중하게 해야 합니다. 또 이혼했다고 해서 위축될 필요도 없습니다. 살아남기 위한 선택이었으니까요. 배에 불이 붙어서 뛰어내렸는데 거기에 그대로 앉아서 배가 가라앉거나 내가 타죽기만을 기다리는 사람이야말로 바보 아니겠습니까. 어떻게든 불을 꺼보려다가 화상을 입었는데 그 화상 입은 것 가지고 흉을 본다면 그 흉을 보는 사람이 문제가 있는 것 아니겠어요?

그러나 혼자서 칠흑 같은 밤바다에 빠져 허우적거리며 혼자 파도를 헤쳐 나간다는 것은 결코 쉽지 않은 것입니다. 앞뒤 안 가리고 뛰어들긴 했는데 물도 너무 차갑고, 코로는 끊임없이 물이 들어오고…… 지나가는 배가 건져주겠다고 하면 마다할 생각 못하고 냉큼 올라타게 되겠지요? 그런데 하필 그 배도 구멍이 났다면, 눈앞이 깜깜하겠지요? 기왕이면 혼자서 헤엄쳐서 뭍으로 가야 하고 그게 안 되면 구조선에 올라타야 하는데, 이걸 또 잘 골라야지 안 그러면 또 대책 없이 뛰어내리게 되어 있단 말입니다. 그러지 않기 위해서면 내 인생을 실을 배를 잘 고르는 안목을 길러야 하겠지요. 그래서 내가 어쩌다 잘못된 승선을 했나 곰곰이 돌이켜보는 일이 필요한 것입니다.

'누구든 좋다'는 사랑이 아니다

　앞서 말한 사랑의 3단계에서 마지막 세 번째 단계가 '애착의 단계' 라고 합니다. 콩깍지 벗겨지고 나서 이 단계에 성공적으로 안착하지 못한 부부는 '어쩔 수 없이' 같이 살아가는 단계에 머물거나, 별거 혹은 이혼의 과정에 이르게 됩니다. 약에 취한 것 같은 황홀의 단계를 지나 이제는 한결 차분해지고 더 합리적인 판단력과 결속력으로 서로 의지하며 갈등과 고난을 넘어야 하는데, 이 과정에서 많은 부부가 좌절과 불화를 겪습니다.

　결혼이 곧 행복이라고 생각하는 사람은 부부싸움 등의 갈등이 일어나면 불행하다고 느끼고 결혼생활이 실패했다고 느낍니다. 하지만 불화는 이 세상의 모든 부부가 경험하는 일입니다. 일종의 통과의례와도 같지요. 부자도 미남미녀도 다 불화를 경험합니다. 학력, 성격, 신체적 장애 유무와도 상관이 없습니다. 하지만 이미 불행의 덫에 빠진 사람들에게 이러한 진실이 눈에 보일 리 없습니다. 주위를 둘러봐도 나만 힘든 것 같고, 나의 결혼생활만 잘못된 것 같습니다.

한때 열렬하게 사랑했던 사람과 냉각기를 맞이하고, 의견이 충돌할 때마다 서로에게 큰소리로 비난을 퍼부으며 말싸움을 하는 상황이 반복될 때면, 가슴이 갈기갈기 찢기는 듯한 괴로움 속에 스스로에게 반문하게 됩니다. '우리가 서로 사랑하기는 했던 걸까?'

왜 사랑하는 사이임에도 불구하고 남녀의 마음은 항상 엇갈리는 것처럼 보일까요? 사랑은 정말 한때의 신기루에 불과한 것일까요? 평생을 해로하는 부부는 그럼 어떻게 된 것일까요? 제아무리 사이 좋아 보이는 부부라 하더라도 겉모습에 불과할 뿐, 사실은 다들 죽지 못해 살고 있는 것에 불과한 것일까요?

이러한 질문은 비단 우리만의 것이 아니었나 봅니다. 세계에서 가장 자유롭고 사랑에 관대하며 이혼율이 높은 미국에서도 똑같은 화두를 놓고 많은 사람들이 연구에 연구를 거듭하고 있으니 말입니다. '왜 결혼생활에 실패하는가' 라는 질문에 미국의 커플심리학 전문가 존 가트먼 박사라는 분은 이렇게 말했다고 합니다.

"사람들이 이혼하는 것은 그 어느 누구한테서도 결혼생활을 어떻게 해야 하는지 그 방법을 제대로 배운 적이 없기 때문입니다. 어떻게 말하고 어떻게 감정을 처리해야 하는지, 부부싸움을 어떻게 시작하고 어떻게 끝내야 하는지, 자신과 자신의 배우자가 왜 그 상황에 그런 식으로 느끼고 그런 행동을 한 것이었는지 이해하고 포용하는 법을 한 번도 배운 적이 없기 때문이죠."

그렇습니다. 모든 갈등의 원인은 결국 소통의 부재입니다. 사실

불같은 사랑이 끝난 자리에 남는 것은 타다 남은 재뿐만이 아닌 것입니다. 제대로 뿌려진 재는 사랑의 토양을 기름지게 합니다. 그 타다 남은 재를 양분으로 피어난 대화의 꽃이 사랑의 정원을 계속해서 아름답게 가꿔주는 것입니다.

사실 우리는 소통 부재의 시대를 살고 있습니다. 학교에서도, 직장에서도, 소통이 제대로 되지 않아 일어나는 문제가 한두 가지가 아닙니다. 당장 서점에 가서 자기계발서 코너를 살펴봐도 온통 '대화의 기술'에 대한 책들입니다. 더구나 사회의 가장 기초적이고 핵심적인 가정, 그 가정의 뿌리이자 기둥인 남자와 여자의 관계만큼 커뮤니케이션이 중요한 것도 없습니다. 그런데도 그처럼 중요한 것을 학교나 사회에서는 가르쳐주지 않습니다. 유일하게 보고 배울 수 있는 대상인 우리들의 부모님들은 더더군다나 대화에 서툰 세대입니다. 그래서 우리는 모두 자신의 미약한 경험을 바탕으로 소통의 문제를 해결할 수밖에 없고, 그렇기 때문에 그토록 빈번하게 실패하는 것입니다.

가트먼 박사는 다수의 연구진과 함께 수십 년간 수천 쌍의 부부를 대상으로 남녀의 대화를 연구했습니다. 그 결과 단 15분만 대화를 들어도 그 부부가 향후 이혼을 할지 안 할지를 정확하게 예측할 수 있게 되었다고 합니다. 결국 헤어지게 되는 부부의 대화에는 모두 공통된 패턴이 들어 있다는 얘기입니다. 정말 놀랍지 않습니까?

그렇다면 관계를 파탄으로 이르게 하는 대화 속 패턴의 비밀은 과연 무엇일까요?

가트먼 박사가 주목한 것은 말할 때의 태도와 자세, 얼굴의 표정, 목소리의 억양 등이었습니다. 불화의 징조는 이미 그 안에 모두 들어 있다고 말합니다. 일례로 대화를 할 때 상대방을 쳐다보지 않는 것은 이미 불화의 씨앗이 단단히 뿌려졌다는 신호입니다. 아내가 남편을 향해 말하는데 남편은 읽던 신문에서 눈을 떼지 않는다거나, 남편이 무슨 말을 해도 아내는 텔레비전에 빠져서 듣지 못한다거나 하는 것은 두 사람 사이가 이미 단절되어 있다는 것을 보여주는 증거인 것입니다. 얼굴을 마주하고 대화를 할 때도 불화를 겪는 커플은 많은 문제점을 드러냅니다. 무심코 상대방을 비웃는 듯한 표정을 짓는다거나, 홍 하고 콧방귀를 뀌는 등의 행동이 그것입니다.

재미있는 것은 커뮤니케이션의 문제는 대화의 '주제'에 있지 않다는 것이었습니다. 모든 문제는 '대화의 방식'에 있었습니다.

"파탄으로 향해가는 부부의 경우 어떤 주제로 대화를 하든지 반드시 격한 말다툼으로 발전합니다. 그런데 '결혼의 달인'들은 평소 불만스럽게 느꼈던 것을 화제로 삼아도 대화가 말다툼으로 번지지 않습니다."

즉 부부 관계가 오래 유지되느냐 유지되지 않느냐는 이 '대화의 방식'에 달려 있는 것입니다. 결혼에 실패하는 사람들의 공통점은 그 대화가 언제나 '잘못된' 방향으로 간다는 것에 있습니다.

그렇다면 어떤 대화 방식이 말다툼으로 발전하고, 발전하지 않는 것일까요? 키워드는 바로 '비난', '방어', '깔보기' 이 세 가지입니다. 예를 하나 들어 볼까요?

"음식물 쓰레기 미리미리 버리라고 했지! 또 깜빡한 거야? 당신은 어떻게 매번 그래? 벌써 치매라도 걸린 거야?"

어디서 많이 듣던 말 아닌가요? 가트먼 박사는 이렇게 가시 돋친 비난으로 시작하는 대화는 부정적인 방향으로 흐를 수밖에 없다고 지적하고 있습니다. 하지만 같은 내용이라도 이렇게 말하는 건 어떨까요?

"음식물 쓰레기 미리미리 버리라고 했지! 또 깜빡한 거야? 나 정말 화가 나!"

언뜻 똑같이 격한 감정이 담긴 것처럼 들리지만 이 경우는 대화가 말다툼으로 발전하지 않습니다. 왜일까요? 전자는 '비난'이었지만 후자는 '불평'이기 때문입니다.

비난은 상대방의 특정 행동을 나무라는 것뿐 아니라 상대방의 인격이나 지능에 무슨 문제가 있는 것처럼 취급하는 것입니다. 감정적인 골이 깊어질 수밖에 없습니다. 불평은 상대방의 인격을 모독하지 않습니다. 감정의 생채기를 남기지 않는 것입니다. 이처럼 비난과 불평은 하늘과 땅 차이입니다.

한바탕의 비난 뒤에 등장하는 것이 바로 '방어'입니다. 방어는 말 그대로 자신의 입장과 변명을 발언하는 것을 의미합니다. 앞에서 예를 든 비난에 대해 "너무 바빠서 거기까지 신경 쓸 겨를이 없었어. 그게 그렇게 화 낼 일이야?" 혹은 "바쁘니까 그럴 수도 있는 거지. 그럼 당신이 버렸으면 됐잖아" 하는 식의 반응이 바로 '방어' 입니다. 하지만 '방어' 는 역효과를 일으키는 경우가 많습니다. 왜냐하면 대부분의 방어는 '문제는 내가 아니라 바로 당신이라고!' 하는 것처럼 들리기 때문입니다.

결국 이 시점에서 대화는 말다툼으로 발전하게 됩니다. 그리고 '비난' 과 '방어' 의 응수가 반복되다 보면 그다음으로 '깔보기' 가 등장하게 됩니다.

상대방을 조롱하고, 비웃고, 빈정대고, 경멸의 눈빛을 보내는 등등의 식으로 깔보기는 다양하게 나타납니다. "잘났어, 정말", "바보 아니야?", "당신이 그렇게 형편없는 인간인 줄 몰랐어" 하는 식의 발언이나 상대방의 말을 비꼬듯이 따라하는 것도 모두 깔보기에 들어갑니다. 이 깔보기야말로 대화와, 나아가 관계를 망치는 결정타입니다.

'비판 - 방어 - 깔보기' 의 단계를 거치며 말다툼은 절정에 이릅니다. 그리고 이것이 반복되면 반복될수록 관계에는 깊숙이 금이 가게 되고 부부는 차츰 서로를 피하게 됩니다. 특히 상대방에 대한 애착이 줄어들수록 이 '깔보기' 가 빈번하게 나타나게 됩니다. 그렇다면 '결혼의 달인' 들의 대화 방식에는 어떤 차이점이 있는 것일까요?

"결혼을 잘 유지하는 커플의 대화에서도 비난과 방어는 등장합니다. 결정적인 차이는, 이들의 대화는 깔보기 단계로 넘어가기 전에 갈등이 수습된다는 것입니다. 대화가 악순환의 패턴에 들어가는 순간 갑작스레 농담을 던지거나, 이상한 표정을 지어 상대방을 웃기거나, 혹은 말이 지나쳤다고 즉각 사과하는 식으로 대화가 더 이상 나쁜 방향으로 나가지 않도록 저지하는 것이지요."

가트먼 박사는 이혼에 이르는 부부를 조사하면 조사할수록 그 유형이 놀라울 정도로 유사하다는 사실을 발견할 수 있었다고 말합니다. 흥미로운 사실은 결혼에 실패하는 사람과 성공하는 사람의 차이는 언제나 아주 작은 것에서부터 시작된다는 것이었습니다. 그리고 그 아주 작은 차이는 대화의 방식에서 드러나고 있습니다.

주변에서 이혼을 했거나 이혼 위기에 빠진 부부만 보아도 이러한 연구가 타당하다는 것을 알 수 있습니다. 불화있는 부부는 대화를 하지 않습니다. "그 사람과는 말이 안 통해요." "그 사람과 대화를 하느니 차라리 벽에다 대고 말하겠어요." 더 이상 배우자를 사랑하지 않게 된 사람들이 늘 하는 말입니다.

여자는 절망한다

　　말싸움이 거듭되고 눈만 마주치면 으르렁대던 시기도 지나가면 서로의 존재를 무시하고 아예 대화할 기회조차 차단하는 시간이 찾아옵니다. 한 지붕 아래에서 함께 살 뿐 더 이상 가족이라고 하기에도 부부라고 하기에도 애매해지는 사이가 되어버린 것입니다. 물론 관계가 이렇게 악화되었다고 해서 모두가 이혼을 하는 것은 아닙니다. 어느 한쪽의 노력으로 극적인 대화의 물꼬가 트이고 잠시나마 화해의 시간이 찾아오기도 합니다. 하지만 만약 상대방의 노력마저도 무시하고 외면하는 시간이 더 지속된다면……. 혹자는 이러한 상황을 가리켜 '죽은 말 채찍질하기'로 부릅니다. 죽어버린 말에다가 아무리 채찍질을 해봤자 일어나서 마차를 끌 리가 없다는 것이지요. 상대방이 '죽은 말'이라면, 또 결혼생활 자체가 죽은 말이 되어버렸다면 그 어떤 것도 부질없는 노력인 것입니다. 그럼 무엇이 상대방을, 혹은 나를, 그리고 우리의 결혼생활을 '죽은 말'로 만드는 것일까요?

여기 한 부부가 있습니다. 남편은 대기업을 다니며 성실하게 직장생활을 하고 있고 아내는 초등학교 교사로 누구나 부러워할 만한 조건입니다. 취미도 같은 두 사람은 주말이면 함께 여행을 다니며 사진을 찍고 함께 완성해갈 미래를 행복한 마음으로 그려보곤 했습니다. 하지만 아이가 태어나자 아내는 학교와 육아 일로 눈코 뜰 새 없이 바쁜 나날을 보내야 했고, 남편 역시 직급이 올라가면서 야근과 잦은 회식 등으로 가정을 돌볼 여유를 잃어갔습니다. 혼자서 육아와 가사까지 부담해야 했던 아내가 처음으로 불만을 토로했을 때, 남편은 남편대로 서운한 기색을 감추지 않았습니다. 가족을 위해 누구보다 열심히 일하고 있는데 아내가 그걸 몰라주는 것 같아 배신감마저 느껴졌습니다. 아내는 아내대로 따뜻한 위로와 격려를 듣지 못해 남편에 대한 실망감이 커졌습니다. 아내는 계속해서 늦게 집에 들어오는 남편에게 화를 내기 시작했고, 남편은 집에서조차 지친 몸과 마음을 편히 쉬지 못하게 하는 아내가 원망스러워지기 시작했습니다.

"아니, 내가 야근을 하고 싶어서 하는 거야? 술을 마시고 싶어서 마시는 거냐고. 조금만 삐끗해도 낭떠러지로 미끄러지고 마는 게 이 바닥이야. 총알이 빗발치는 전쟁터나 다름없는 살벌한 세계라고. 당신과 애들 때문에 목숨 걸고 일하는 사람한테 매일 바가지만 긁어대니, 솔직히 이제는 늘 뾰루퉁한 당신 얼굴 때문에 집에 들어

오기가 더 싫어져."

"나도 처음엔 당신 불쌍했어. 새벽같이 나가서 초주검이 되어 돌아오는 당신, 얼마나 고생스러울지 생각하면 안쓰럽고 대견했어. 그런데 당신 애들 생일 때라도 같이 밥 한 번 먹은 적 있어? 갈수록 가정에 무관심하고 나랑 대화하는 것도 피하고 있잖아. 애들도 아빠 얼굴 보는 건 아예 포기했대. 우리가 대체 가족이 맞긴 한 거야?"

서로 '내가 더 힘들다' 고 주장하던 부부는 갈수록 소원해져갔고 점점 지쳐갔습니다. 남편은 아내가 자꾸 화를 내는 이유가 자신과의 결혼생활에 만족하지 못하기 때문인 것 같아 무기력해져 갔습니다. 아내는 자신을 외면하는 남편의 태도를 반복적으로 접하면서 자신감을 잃어갔습니다. 부부간의 잠자리도 사라진 지 오래였습니다. 집에 있을 때는 최대한 서로 마주치지 않으려 노력했고, 필요한 의사소통은 문자 메시지로 전달했습니다. 그야말로 몸만 한 집에 살 뿐, 마음은 이미 서로 남남이었습니다. 두 사람은 이제 더 이상 관계를 회복하기 위해 노력할 의지조차 잃어버렸습니다. 만약 서로가 서로의 고충을 이해하고 먼저 감사의 마음을 표현할 줄 알았다면 두 사람은 이렇게까지 서로 냉랭해지지 않았을 것입니다. '상대방이 먼저 바뀌어야 한다' 고 고집하는 마음이 관계를 악화시키고 결국은 부부생활을 '죽은 말' 로 바뀌게 하는 것입니다.

부부싸움은 누구나 합니다. 서로 싸우지 않는 게 중요한 게 아니라, '잘 싸우는' 게 중요한 것입니다. 잘만 싸운다면 부부싸움은 두 사람의 차이와 갈등을 서로에게 인식시키고 서로를 설득하고 합의하는 기회로 만들 수 있습니다. 그러나 이 부부싸움마저 더 이상 시도되지 않을 때 두 사람 사이에 진심으로 빨간불이 들어왔다고 볼 수 있습니다. 소통하려는 노력마저 끝난 관계에서는 더 이상 어떤 진전도 발전도 이루어질 수 없기 때문입니다.

싸움을 아예 포기하는 것은 변화를 포기하는 것이고, 변화를 포기하는 것은 결국 결혼생활의 포기로 이어지는 것입니다.

난 이제 이별하고 싶어

　경제 문제 때문이든, 성격차이 때문이든, 혹은 도박이나 외도 때문이건 간에, 배우자와의 이별을 결심하기 직전에 한 번쯤 거치게 되는 단계가 바로 현실 부정입니다. 이혼에 이르게 된 자신의 현 상황을 인정하지 않으려는 심리입니다. 배우자와의 관계가 끝날 가능성이 있다는 것을 부정하기도 하고 자신의 감정을 감추려고도 합니다. 어떠한 이유로든지 다툼과 갈등이 생기고 쌓여 결국 이혼을 고려하게 되었다 하더라도 오랫동안 함께 살아오면서 생긴 '부부' 라는 소속감과 감정적 밀착은 아주 없어졌다고 할 수 없기 때문입니다. '미운 정' 도 결국 정이기 때문에, 부부가 갈라서게 되면 정서적 충격을 크게 받게 됩니다. 이러한 충격을 방지하기 위해 심리적으로 '난 더 이상 당신한테 기대하지 않아' 혹은 '당신에게는 더 이상 아무 감정도 남아 있지 않아' 또는 '나는 내 갈 길을 가겠어' 하고 스스로에게 끊임없이 다짐하게 됩니다.

　자신의 결혼이, 배우자와의 관계가, 자신의 일상이 무너져 내릴 위기에 있다는 것을 일지만 지금까지의 세계가 사라지는 것이 두려워 체념과 포기, 인내로 이어지는 것입니다. 없는 것보다는 실망스러운 배우자라도 있는 게 낫다는 생각이 들어 이혼하지 않고 그대로 살아가는 경우도 많습니다.

그러다 자기 부정과 인내심도 한계에 다다르고, 이혼이 더 이상 외면할 수 없는 '생존 문제'로 다가올 때, 즉 존재의 위기를 겪게 될 때 이혼을 결심하게 됩니다. 서로 합의하에 이혼을 하는 경우도 있지만, 때로는 마음의 준비가 전혀 되지 않은 상태에서 이혼을 당하기도 합니다.

불행한 결혼생활이라 하더라도 이혼을 둘러싼 여러 가지 복잡한 사정과 통제를 통해 그냥저냥 유지되는 경우가 많습니다. 그런 과정에서 배우자에게 버림받거나 스스로 견디지 못하고 집을 나감으로써 이혼이 성립되는 경우도 있습니다. 공통점인 이 경우 이혼을 끝내 자기 문제로 받아들이지 않는다는 것입니다. 이혼을 '당하는' 사람들에게 이혼은 모든 것을 다 잃는 것과 다름없는 경험입니다. 결혼에 집착하면 할수록, 자신의 역할에 최선을 다했으면 다했을수록 이혼은 예상할 수 없는 대혼란과 자신의 모든 가치와 생활을 잃는 대상실로 경험됩니다. 이미 파탄 난 결혼생활을 억지로라도 유지할 수 있으리라는 '잘못된 기대'가 극단적인 삶의 상실을 가져오는 것입니다.

반대로 이혼을 자기 문제로 받아들인 사람들은 현재의 상황에서 벗어나기 위해 차근차근 준비해 이혼을 합니다. 비상금을 모으거나 홀로 설 능력을 기르는 등 이혼 후의 삶에 대비합니다. 자신이 위기 속에 있다는 것을 객관적으로 인식하고 그것을 해결하기 위해 적극적으로 노력하는 것입니다. 새로운 삶을 시작할 수 있으리라는 '긍정의 기대'가 이혼을 받아들이고 준비하게끔 하는 것입니다.

또한 이혼을 결심할 즈음 마음에 깃드는 생각은 '처음부터 잘못된 결혼이었다'는 판단입니다. 이혼할 수밖에 없는 결혼이었다고 생각하는 것입니다. 이 생각은 '제대로 된 결혼이었다면 이혼에 이르지 않았을 것'이라는 후회로 나아가고, 이 후회는 새로운 결혼에 대한 기대로 발전합니다.

인생에서 이혼이 하나의 선택이 된 시대라 하더라도, 이혼에 직면하면 누구나 결혼과 삶을 다른 관점에서 바라보게 됩니다. 최선을 다한 삶에게 배신을 당한 듯한 자괴감에 삶을 포기해버리기도 하고, 잘못된 선택을 반성하고 삶의 새로운 가능성을 찾아 나서기도 합니다. 중요한 것은 이혼을 통해 뭔가 배우지 못했다면 이후의 선택에서도 똑같은 실수를 저지르기 쉽다는 사실입니다. 그럼 다음의 사례들과 함께 이혼의 다양한 경우를 살펴봅시다.

"직장에 다니면서 술을 마시기도 하고 집에 늦게 들어가기도 했지만 그렇다고 특별히 자주 늦는다거나 외박을 한다거나 그런 편은 아니었죠. 그냥 내심 제가 직장생활을 하느라 집안일에 좀 소홀한 감은 있긴 했어요. 회사에 일이 생겨서 늦는다고 전화를 하면 짜증을 내고 하는 그런 일들이 많았죠. 처음엔 다 먹고살자고 하는 일인데 왜 이해를 못 해줄까 해서 속으로 섭섭하기도 했었어요. 그런데 아내도 아내 나름대로 자기한테 소홀하고 이해 못 해준다고 생각했던 모양입니다. 저는 당연하고 대수롭지 않다고 생각했지만 아내한테는 그런 조그만 것들이 계속 쌓여 폭발했던 거예요. 말싸움을 하는 일이 점점 늘어나고, 서로 폭언을 주고받게 되었죠. 그 과정에서 제가 한 말들에 아내는 또 상처를 받았던가 봐요. 며칠 떨어져 지내자고 하길래 그러자고 했는데……. 애들도 있으니까 설마 이혼까지 가겠나 했거든요. 그런데 지금 와서는 너무 단순하게 생각하고 안일하게 대처한 것 같습니다." 〈41세, 이혼남성〉

"전 결혼하고 나서 웃어본 기억이 별로 없어요. 남편이 저 아니면 죽겠다고 약까지 먹었던 사람인데, 그래서 참말 얼떨결에 결혼했는데 그런 사람이 결혼하니까 글쎄 싹 변하더라고요. 신혼 몇 년은 좋았죠. 시어머니 모시고 살면서부터 모든 게 변했어요. 시어머니가 아들도 못 낳은 며느리라면서 어찌나 타박하고 못 살게 굴었는지 몰라요. 요즘 세상에 그게 뭐가 그렇게 중요하다고. 하나밖에 없는 손녀 얼굴 한번 쓰다듬어주지 않더라고요. 남편도 시어머니한테 무슨 소릴 들었는지 저한테 냉랭하기만 했어요. 어느 비오는 밤에 애

업고 우산 하나 달랑 들고 골목을 헤매는데…… 그날 참 얼마나 울었는지 몰라요. 오만가지 생각이 들더라고요. 내 인생이 뭔가 싶고, 어린 시절부터 다 잘못된 것만 같고……. 결국 이대로는 못 살겠다 싶어 애를 데리고 잠적했어요. 애를 생각하니 이혼은 도저히 생각을 할 수가 없어서요. 남편은 끝끝내 찾을 생각을 않더라고요. 그럴 줄은 몰랐는데……. 기가 막히게도 1년도 안 돼 남편이 장가를 갔더라고요. 그것도 처녀장가를요. 세상에. 애만 아니었으면 저 지금 이 세상 사람이 아닐지도 몰라요." 〈34세, 이혼여성〉

"제 이혼의 원인은 고부간의 갈등입니다. 부모님은 제게 너무나 중요하고 소중한 분인데도 전처는 그런 제 마음을 몰라주고 유난히 어머니와 심하게 갈등했어요. 둘이 매일같이 싸워대니까 퇴근해도 편히 쉴 수가 없고, 집에 들어가기가 싫더라고요. 그래서 이렇게 살 바에야 이혼하는 게 좋겠다고 생각해서 제가 먼저 이혼을 요구했습니다. 재혼하고 싶은 이유는 솔직히 말해서 부모님 생전에 며느리가 차려드리는 따뜻한 밥상 한 번 받게 해드리고 싶은 마음이 크기 때문이에요. 다음에는 착하고 순종하는 아내를 만나고 싶습니다." 〈34세, 이혼남성〉

"남편에게 이것만 좀 바꿔달라고 숱하게 말을 했지만 언제나 그때뿐이었어요. 저보고 잔소리가 너무 심하다고 나중엔 정신병자라고 하너라고요. 미친 사람 취급을 하는데 무슨 얘기를 더하겠어요.
그래서 나중엔 아예 포기했어요. 더 이상 화도 나지 않더라고요. 착
하고 성실해 보여서 결혼했던 건데 그렇게까지 벽창호일 줄은 몰랐
어요. 그런 사람인 줄 모르고 결혼한 제가 등신이지요, 뭐. 이혼하자
는 소리도 처음엔 무시하더군요. 제 말은 뭐 하나 귀담아 듣지 않았
으니까요. 결국 짐 싸들고 나와서 이혼서류 보냈어요. 다음에는 착
하고 성실한 것도 좋지만 무엇보다 대화가 통하는 사람하고 결혼하
고 싶어요.” 〈29세, 이혼여성〉

　　이유도 제각각이고 사정도 다 다르지만 한 가지 공통점이 있습니
다. 자신이 처한 현실에 대한 부정, 배우자와 문제를 해결할 가능성
에 대한 부정입니다. 노력도 하지 않고 포기하는 경우도 있지만 충
분히 노력했음에도 결과가 보이지 않을 때, 사람들은 더 이상 부부
관계를 지속하는 것을 포기하고 갈라서는 것을 선택하거나, 강요받
게 됩니다.

언젠가 내 노력이 보상을 받겠지

이제, 고민하지 말고 받아들이자

책임을 져야 하는가?

현실로 받아들이자

생각을 전환하기

나 자신에게 당당해지자

언젠가 내 노력이 보상을 받겠지

이제, 고민하지 말고 받아들이자

　이혼이 결정되면 이혼에 이르게 된 과정과 각자의 역할에 따라 '떠난 이'와 '남은 이'로 나누어집니다. 이혼은 양쪽 모두에게 비슷한 정도의 심리적 충격을 주지만 다만 조금씩 다른 영상을 보이는데 '떠난 이'는 죄책감과 자책을, '남은 이'는 분노와 자존심 손상을 느낀다는 것입니다. 중요한 것은 결혼 유지 기간과 정신적 충격의 정도가 반드시 비례하지 않는다는 점입니다. 대략 2~3년의 결혼 기간이면 상대 배우자에 대한 강한 정서적 유대감이 형성되기 때문에, 3년을 살고 헤어지든 30년을 살고 헤어지든 정신적인 충격은 거의 같다고 볼 수 있습니다.

　배우자와의 이혼이 결정되면 가장 먼저 느끼는 것은 후련함입니다. 배우자와 살면서 쌓여 있던 억한 감정이 일시에 해소되며 나타나는 감정이지요. 이혼에 이르게 된 갈등의 시간이 길었거나 사정이 복잡할수록 더 강하게 '후련하다'고 느끼게 됩니다. 하지만 이

후련함은 잠시뿐, 곧 멍한 기분과 함께 '이제 혼자구나!' 하는 것을 실감하게 됩니다. 어린아이가 갑자기 엄마를 잃어버린 것과 같은 절박한 심정이 드는 것입니다.

분노, 불안, 슬픔, 죄책감, 절망, 상실감, 무기력⋯⋯. 이혼을 경험한 사람들의 대부분은 한동안 이러한 부정적인 감정에 사정없이 휘말리게 됩니다.

머릿속이 시끄럽고 잠도 제대로 잘 수 없을 만큼 괴롭습니다. 모든 것이 공허하게 느껴집니다. 생각할 수 있는 능력이 마비된 것처럼 뭔가를 결정하기조차 힘듭니다. 땅이 꺼진 것 같고 맛있는 음식을 봐도 구미가 당기지 않습니다. 허전한 마음을 달래려 폭식을 하기도 합니다. 마음의 날씨는 변덕스럽기 짝이 없어서 침착하고 희망적이다가도 우울해지고 의기소침해집니다. 결혼이 실패한 것은 모두 배우자의 탓인 것 같아 원망스럽기 짝이 없습니다. 분노와 미움 때문에 매일 밤 뜬눈으로 어두운 천장을 노려보기 일쑤입니다. 주변 사람들에게 이유 없이 화를 내기도 합니다.

'어쩌다 이렇게 되었을까? 과연 내가 이 상황을 극복할 수 있을까? 차라리 더 일찍 헤어졌다면 좋았을 텐데. 다시 행복해질 수 있을까?'

하지만 꼭 기억해두어야 할 것이 있습니다. 지금의 모든 부정적인 감정들은 태양을 가린 구름에 불과하다는 것입니다. 물론 인생 최악의 먹구름이겠지만 구름은 구름일 뿐, 그 구름 너머에서 찬란하게 빛나는 태양이야 말로 진짜 나 자신의 모습이며 내가 회복해야 할 온전한 나입니다. 이별의 충격은 사람에 따라 수일에서 수개월 동안 지속되지만 시간이 지나면 서서히 해소되는 자연스러운 반응입니다. 섣불리 불안을 없애려고 하다가는 오히려 더 오래 지속될 수 있습니다.

자책하며 우울하게 보낼 수 있는 이혼의 시기를, 삶의 아름다운 완성을 향한 정신적 여정의 시간으로 삼으십시오. 진정한 자신을 찾기 위해, 평생의 상처를 치유하기 위해 이혼을 활용하는 것입니다. 결혼생활을 비극으로 치닫게 한 진짜 문제들을 관찰하고, 서로 사랑하고 성장하는 관계를 방해하는 어떤 요소가 내게 있다면 그것을 고치고 치유해 지혜로운 인간으로 성장하는 계기로 삼는 것이지요.

다른 사람들로부터 사랑을 받기 위해서는 먼저 자기 자신을 사랑할 줄 알아야 합니다. 하지만 아주 사소한 좌절에도 우리는 금세 타인에게는 물론 스스로에게 실망하고 자신이 사랑받을 만한 존재인지 의구심을 갖게 됩니다.

당신이 잘못했고 실수를 저질렀으며 배신이나 학대를 당했다 하더라도 인생에서 우연히 발생한 일은 없습니다. 모든 사건을 겸허히 받아들이고 그것이 주는 가르침을 발견할 때 우리는 치유 받고 성장합니다. 모든 일에 이유가 있다고 믿는다면 결혼의 끝맺음도 당신의 상처를 아물게 할 축복이 될 수 있습니다. 이혼을 통해 성장하겠다고 마음먹는다면 말이지요.

좀체 쉽지 않은 일이지만, 우리는 자신의 좋은 면과 나쁜 면을 동시에, 온전히 사랑하는 법을 익혀가야만 합니다. 그것을 위해서는 먼저 사실과 상상을 구분하는 일이 필요합니다. 사실을 있는 그대로 직시할 때, 우리는 진짜 어려움의 실체를 파악할 수 있게 되며 문제를 해결할 실마리를 비로소 찾을 수 있게 됩니다. 그 단계로 먼저 사실과 상상을 구분하는 작업이 필요합니다.

주변의 방해가 없는 조용한 시간, 노트와 펜을 꺼내 앞에 놓아봅시다. 눈을 감고 심호흡을 한 뒤, 지금까지 있었던 일을 가감 없이 써내려가 봅니다. 마음의 가장 깊은 곳에서 우러나오는 모든 감정까지 표현해 봅니다. 누군가 읽어볼 거라는 두려움 없이, 양심과 사회적 기준도 신경 쓰지 말고 솔직하게 글로 표현하십시오. 나, 상대, 이혼에 관해 하고 싶은 모든 말을 쏟아내십시오.

한바탕 감정을 쏟아낸 다음에는 극심했던 감정적 동요가 한결 가라앉을 것입니다. 지금부터가 정말 중요합니다. 이제는 차분하게, 지금까지 일어난 사실만을 극적인 과장 없이, 판단을 유보한 채 정확하게 하나하나 적어 내려가 봅시다. 마음으로 쓴 불행하기 짝이 없는 소설들과 자신에게 일어난 실제 사건들을 구분하는 것은 현재를 받아들이기 위해 꼭 필요한 과정입니다. '사실'은 곧 편견 없는 관찰에 기반한 것입니다. 사실과 소설을 구별하는 데 도움이 될 만한 몇 가지 예를 들어볼까요?

남편(아내)이 나를 떠났다.(사실)
나는 사랑받을 자격이 없는 인간이라서 남편(아내)이 나를
떠났다.(소설)

나는 제대로 된 직업을 가져본 적이 없다.(사실)
나는 무능력하고 아무짝에도 쓸모가 없다.(소설)

아이가 학교에서 문제를 일으켰다.(사실)
이혼이 아이의 인생에 지울 수 없는 상처를 남겼다. (소설)

마음의 괴로움은 보통 사실 그 자체보다는 그 사실에 대한 상상에서 비롯됩니다. 자신의 이혼 스토리를 곱씹고 자신이 처한 상황을 극적인 드라마로 만드는 일은 굉장한 감정 소모이자 자기 자신에게 끊임없이 깊은 상처를 내는 일입니다. 마음에 평화가 없다면 현재를 살 수 없습니다. 나 자신도 사랑할 수 없습니다. 이렇게 사실만을 적고 찬찬히 들여다보면 혼란스러웠던 감정이 한결 차분해지는 것을 경험하게 될 것입니다. 상황을 직시하고 현재를 받아들일 준비가 되었다면 이제 이혼 후 좋아진 점들을 적어봅시다. 밤늦게까지 친구들을 만나도 눈치 볼 일 없다, 혼자서 조용히 책을 읽을 수 있다, 귀찮을 때는 요리를 건너뛸 수 있다 등등, 별것 아닌 사소한 것들이라도 모두 적어봅니다.

　현실에 대한 부정과 저항을 그만두고 있는 그대로의 상황을 인정하고 받아들일 때 삶의 진짜 변화는 시작됩니다.

　현재 상황에 대한 고민, 걱정, 두려움 때문에 현실을 부정하고 저항하면 할수록 그 상황이 주는 감정적인 고통 속에 갇히게 됩니다. 가장 벗어나고 싶은 현실에 도리어 빠지는 것이지요. 다음의 사례는 이혼 후 극심한 심리적 고통과 경제적 불안에 시달리던 어느 30대 돌싱맘의 경우입니다.

　"남편이 바람이 나서 저와 애를 내팽개치고 집을 나갔습니다. 끈질긴 요구와 협박에 이혼을 해줄 수밖에 없었어요. 1년 넘게 잠을 제대로 자지 못할 정도로 우울증에 시달렸습니다. 억울하고 분하고 남편이 증오스럽고……도대체 나한테 무슨 일이 벌어진 건지 믿을 수가 없었어요. 아이가 없었다면 전 남편과 그 여자를 죽이고 어디서 뛰어내렸을지도 몰라요. 아이 밥만 겨우 챙겨주고 저 자신은 끼니를 거르는 때가 많았습니다. 잠을 자기 위해 혼자 술을 마시기도 했어요. 아무도 만나고 싶지 않았고, 아무것도 하고 싶지 않았습니다. 나 자신이 너무 하찮게 느껴졌어요. 뜬 눈으로 누워 지나간 과거를 곱씹고, 다시 분노하고, 그러다 절망하는 나날의 연속이었습니다. 어느 날 술을 마시다 너무 취해 거실에서 쓰러져 잠들었나 봐요. 깨어나 보니 아이가 울면서 절 흔들고 있었습니다. 사방에 구토를 해놓았더군요. 애는 제가 깨워도 안 일어나니 죽는 줄 알았나 봐요.

퍼뜩 이대로 분노에만 갇혀 있다가는 나 자신은 물론 아이까지 망치게 되겠다는 생각이 들었습니다. 아이 때문에라도 강해져야만 했습니다. 저는 엄마니까요. 저는 객관적으로 상황을 살펴보기로 했어요. 다행히 집은 자가였지만, 장기적으로는 든든한 직장이 필요하다고 생각했어요. 남편이 주는 양육비와 생활비에 기대서 생활하는 것도 모욕적으로 느껴진 데다 남편 마음이 언제 바뀔지 몰라 불안하기도 했습니다. 먼저 정부지원을 받아 자격증을 땄고, 다행히 주변의 소개로 안정적인 직장을 다닐 수 있게 되었습니다. '나는 이혼했다, 나는 혼자다, 그리고 나는 내 아들을 지켜야 한다'고 끊임없이 나 자신에게 되뇌었습니다. 남편에 대해서도 더 이상 미련을 두지 않고 그냥 인연이 아니었다고 생각하기로 했습니다. 나와 상관없는 사람이라고 생각을 정리하자 밤마다 잠 못 들게 하던 분노도 많이 사라지더군요. 생각해 보면 저는 그 당시에 '남편이 다른 여자를 선택해서 나와 이룬 가정을 깼다'는 그 사실 자체를 인정하기 싫었던 거 같아요. 모든 게 차라리 꿈이었으면 좋겠다는 소망이 현실을 외면하게 만들었던 것 같습니다. 용기를 내어 내가 처한 현실을 받아들이고 상황을 돌파하기로 마음먹자 갑자기 모든 게 술술 풀려나가기 시작했어요. 제 아들도 한결 씩씩해져서 열심히 공부해서 엄마한테 효도하겠다고 큰소리를 칩니다. 말만 들어도 뿌듯하고 행복합니다. 양육비가 몇 달씩 밀리길래 알아봤더니 남편의 사업이 크게 기울었고 결국 그 여자하고도 사이가 나빠졌다고 들었습니다.

내 복수는 남이 해준다는 말이 떠올랐습니다. 그러거나 말거나 아들과 저 우리 둘이 최고로 행복하게 살자고 다짐했습니다. 어느새 다시 웃을 수 있게 된 저 자신이 자랑스럽습니다."

이처럼 최악의 상황을 일단 벗어나기 위해서는 먼저 자신이 처한 상황을 먼저 인정하고 받아들일 필요가 있습니다. '나한테 이런 일이 일어나다니 믿을 수 없어', '이건 현실이 아닐 거야, 꿈일 거야' 등의 태도는 상황을 긍정적으로 변화시키는 데 아무런 도움이 되지 않는다는 것을 다시 한 번 기억합시다.

책임을 져아 하는가?

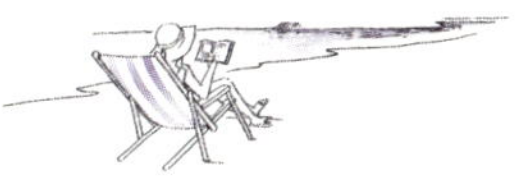

　나와 상대방이 똑같이 이혼에 합의했다는 것을 깨달을 때 내 인생의 주인으로서의 자격이 생깁니다. 무척 어려운 일이지만, 이제는 당신의 고통 원인을 타인에게 돌리는 일을 멈추고 자신에게 초점을 맞춰야 합니다. 돌싱이 된 사람들을 만나서 대화를 나누어보면 이혼의 책임을 자신에게 돌리는 일은 거의 없습니다. 배우자의 잘못된 행동과 단점들을 열을 내어 성토합니다. 결혼이 깨진 것은 전적으로 상대방의 잘못이요, 나는 피해자라고 생각합니다. 하지만 두 사람이 만나 평생을 약속했다가 깨지는 일에 과연 한쪽에만 책임을 물을 수 있을까요? 물론 그런 경우도 있긴 하겠지만 대개의 경우는 쌍방과실입니다. 교통사고를 연상해보시면 이해가 쉬우실 거예요. 한쪽의 100% 과실로 나오는 경우는 거의 없습니다. 스스로를 비판하는 일은 누구에게나 두려운 일입니다. 그러나 진정으로 내면의 평화를 찾고 싶다면, 두려움과 대면해 삶을 온전히 책임지려는 마음가짐이 필요합니다.

설령 내가 원해서 하는 이혼이라 하더라도 이혼의 과정에서 많은 고통을 겪기 마련입니다. 상대방 때문이라고만 생각하면 화를 참을 수가 없게 됩니다. '그 사람 때문이야. 그 사람만 바뀌면 되었는데. 그 사람이 내 말을 듣지 않았어. 그 사람은 언제나 내게 잔소리만 했어.' 이렇게 비난의 초점을 상대방에게만 돌리지만 그 철천지원수를 평생을 함께할 배우자로 선택했던 사람은 바로 당신 자신이었다는 것을 기억해야 합니다.

바람을 피우다가 들켜서 이혼을 당한 남자분이 있었습니다. 그의 얼굴은 언제나 화가 나 있는 것 같았고 매사에 방어적이었습니다. "제가 바람을 피운 건 마누라 때문이라고요. 계속 잠자리를 거부했기 때문에 한눈을 팔게 된 겁니다. 그래놓고 내 얘기는 들어볼 생각도 하지 않고 당장 이혼을 요구했어요. 마치 기회를 기다렸던 사람처럼요" 하고 이혼의 책임을 전 아내에게 돌렸습니다. 그는 아내에게 성욕이 부족한 것을 오랫동안 불만스러워했기 때문에 아내를 속이고 배신할 이유가 있다고 스스로를 설득시켰던 것입니다. 하지만 오랫동안 대화를 통해 자신이 아내에게 돌이킬 수 없는 상처를 입혔다는 것을 결국 인정하게 되었고 비로소 자신의 행동을 후회하고 슬퍼하는 모습을 보였습니다. 그는 한동안 괴로워하더니 더 이상 전 아내를 비난하지 않게 되었고 자신의 행동과 자신이 만들어낸 고통으로 인한 책임을 완전히 받아들였습니다.

고통의 근원을 제대로 해결하려면 우리가 행한 행동들을 어떤 저항이나 심판도 없이 인정할 필요가 있습니다. 분노와 수치심, 후회, 절망 등 감정의 폭풍을 마음껏 겪은 다음에는 내려놓으십시오. 감정을 보살피지 않고 외면하면 제대로 해소되지 못한 어둡고 악한 감정들은 우리 안에서 곪아 더 큰 병을 일으키게 됩니다. 그리고 자신의 감정을 제대로 돌보지 않는 것은 자신의 삶에 무책임하기 짝이 없는 태도입니다. 내 인생을 책임진다는 것은 내가 한 일을 그대로 인정하는 것에서부터 출발합니다. 내가 어쩌다 왜 그랬는지 알 수 없더라도 내가 내 인생에 문제를 일으켰다는 것을 인정하는 것입니다.

고통을 치유하기 위한 첫 번째 단계는 그것이 '나의 고통'이라는 점을 인정하는 것입니다. 분노든 혐오든 지금 이 순간 당신이 느끼는 부정적인 감정을 정확하게 받아들이는 것이야말로 그 감정을 치유할 유일한 방법입니다.

두 번째 단계는 '고통을 떠나보내겠다'고 결심하는 것입니다. 건강한 방식으로 감정을 분출하는 사람들은 스스로를 괴롭히지 않습니다. 분노와 우울 같은 감정들은 상한 음식과 같습니다. 그냥 삼키는 것은 어리석은 짓입니다. 당장 뱉어내야 합니다. 대신 다른 사람에게 상처를 주지 않고 부정적인 감정을 분출할 수 있어야 합니다. 베개에 얼굴을 파묻고 고함을 지르거나, 미친 듯이 운동을 하거나, 노래방에 가서 마음껏 노래를 부르거나, 클럽에 가서 몇 시간이고 춤을 추는 것도 모두 방법이 될 수 있습니다.

화를 잘 내는 소년이 있었습니다. 소년의 아버지는 못이 잔뜩 든 주머니를 주면서 화를 내게 될 때마다 나무 기둥에 못을 박으라고 했습니다. 첫날이 채 지나가기도 전에 소년은 기둥에 스무 개의 못을 박았습니다. 이윽고 소년은 나무 기둥에 못을 박느니 성질을 죽이는 편이 낫겠다고 생각했고, 조금씩 화를 참는 법을 배웠습니다. 마침내 소년이 전혀 화를 내지 않은 날이 왔습니다. 소년은 기뻐하며 이 사실을 알렸고 그러자 아버지는 화를 내지 않은 날에는 못을 하나씩 뽑으라고 말했습니다.

시간이 흘러 마침내 소년은 울타리에 박았던 못을 모두 뽑게 되었습니다. 그날 아버지는 소년의 손을 잡고 기둥으로 가서 이렇게 말했습니다.

"잘했다, 아들아. 그런데 기둥에 남은 이 구멍들이 보이니? 이 나무 기둥은 이제 결코 예전의 멀쩡한 상태로 돌아오지 못할 거다. 화가 났을 때 네가 하는 말들은 바로 이런 흉터를 남긴다. 누군가를 칼로 찌르고 칼을 뽑은 다음 아무리 미안하다고 해도 상처는 여전히 남아 있는 것이지."

육체적 학대와 마찬가지로 말로 하는 학대도 심각한 상처를 남깁니다. 몸에 생긴 멍자국은 시간이 지나면 사라지지만 말로 인한 상처는 시간이 지나도 사라지지 않습니다.

어렵지 않습니다. '나는 계속 분노하며 살고 싶은가? 계속 원망하고 미워하며 살고 싶은가? 우울한 하루하루를 보내다가 결국엔

나머지 인생 모두를 낭비할 것인가?' 스스로에게 물어보십시오. 당신의 마음 깊숙한 곳에서 올라오는 뜨거운 대답을 기다려보십시오.

아무도 당신의 분노와 슬픔을 풀어줄 수 없습니다. 나쁜 감정의 소용돌이에서 당신을 구해줄 사람은 오로지 자기 자신뿐입니다. 또 누가 누구에게 무슨 짓을 했든 자신의 감정을 스스로 책임지지 않으면 결국 상처를 받을 사람은 당신과 당신을 가장 걱정하는 사람들이 될 것입니다. 모든 것이 나의 인생이자 나의 감정이며 나의 책임이라는 것을 받아들이게 되면 고통에서 자유로워지며 긍정적인 삶을 위한 새로운 에너지가 솟아납니다. 다른 누군가를 계속해서 비난하는 이상 현재의 상황에 무력하다는 착각 속에 갇히게 될 뿐입니다.

일단 분노를 다스릴 수 있게 되면 삶을 위해 더 많은 에너지를 쓸 수 있게 됩니다. 결혼 생활을 평가해봅시다. 행동, 습관, 단점에 집요하리만큼 정직해 봅시다. 그러면 파경에 내가 얼마나 기여했는지 보다 명확하게 알 수 있게 됩니다. 진실에 대한 부인이나 자기방어적인 변명은 인생에 있어서 아무런 도움이 되지 않는다는 걸 다시 한 번 명심하십시오.

1. 남편(아내)이 정말로 원하는 것이 무엇인지 신경 쓰지 않았다.

2. 시댁(처가) 식구들과 남편(아내) 친구들을 이유 없이 싫어했다.

3. 남편(아내)이 어디에 있는지 늘 알려고 했으며 감시했다.

4. 잠자리를 자주 거부했다.

5. 사랑받기 위한 노력을 하지 않았다.

6. 사소한 것에 화를 냈다.

7. 평소 불평불만이 많았다.

8. 대화로 문제를 해결하려는 노력을 적극적으로 하지 않았다.

9. 남편(아내)을 다른 사람과 비교하며 무시했다.

10. 남편(아내)을 평생의 반려자로서 존중하며 신뢰하지 않았다.

이혼 직후일 때는 마치 함정에 빠진 것 같고 무력해서 당신의 진짜 감정에 직면하기 어려울 수 있습니다. 그러나 인내심을 가지고 가장 두려워하는 것을 똑바로 바라봅시다. 감정의 주인이 되어야 감정을 바꿀 힘을 얻습니다.

현실로 받아들이자

　'현재의 나'를 받아들이고 새로운 미래를 시작할 마음을 준비하게 되면 정서적으로 안정되고 분노감도 줄어들게 됩니다. 새로운 생활을 음미하기 시작하고, 새로운 흥미를 갖고 이런저런 것들을 시도해보며 즐거움을 추구하려고 합니다. 마음의 고통도 점차 없어지지만 이혼 후 새로운 정체성을 찾아가는 과정은 마치 사춘기의 그것과 비슷합니다. '다른 사람에게 내가 어떻게 보일까?' 하면서 타인의 반응에 민감해지는 것인데, 이러한 자기도취적 관점은 감정 기복의 단계에서 회복되는 과정에서 거치게 되는 자연스러운 현상입니다. 다만 이 시기에 조심해야 할 것은 더 이상 나아가지 못하고 사춘기적 상태에 머무르는 것입니다. 사회활동이나 다른 사람과 관계를 형성하는 것을 기피하고, 이성과 가까워지는 것을 두려워해 필요 이상 방어적으로 구는 것을 지양해야 합니다.

　이혼의 충격으로 많은 아픔을 경험했다면 이제는 무력감에서 벗어나 자신을 새롭게 정리하고 재구성해야 합니다. 하지만 다음과 같은 심리적 함정에 빠짐으로써 이혼에 따른 불안과 우울, 분노가 심해지고 잘못된 적응방식으로 자신을 더 어렵게 만들기도 합니다.

첫 번째 함정은 **'넘겨짚기'**입니다. 다른 사람들의 생각이나 평가를 미리 추측해 생각하는 것입니다. 괜한 자격지심으로 주변 사람들의 반응이나 행동을 '나를 무시하려 한다', '이혼 후 나를 피하는 것 같다'는 등의 방식으로 바라보는 것은 바람직하지 않습니다. 피해의식에 휩싸여 사람들을 피하고 새로운 만남을 꺼리는 것은 스스로 만든 함정에 빠지는 것이나 마찬가지입니다. 중요한 것은 주변 사람이 나에 대해 뭐라고 하건 신경을 쓰지 않는 태도입니다. 내 인생을 개척해나가는 것은 바로 나 자신이고, 내 인생의 행복을 누리는 것도 바로 나 자신이라는 것을 잊지 말아야 합니다.

두 번째 함정은 **'확대해석'**입니다. '여자는 죄다 요물이야', '남자는 모두 바람둥이야' 하는 식으로 함부로 일반화하고 단정하는 것을 경계해야 합니다. 자신의 경험에서 나쁜 것만 보고 그것을 절대적인 진리처럼 삼으려는 태도는 심리적으로도 악영향을 미칠 수밖에 없습니다. 좋지 않았던 기억만 곱씹고 소소하게 존재했던 즐거움과 행복은 깡그리 무시한 채 힘들고 괴로웠던 일만 회상한다면 앞으로의 삶에도 좋은 일이 일어날 리 없습니다. '되는 일이 하나도 없다'고 생각하기 보다는 '나는 무엇이든 극복할 수 있다'고 스스로에게 다짐하는 것이 훨씬 바람직합니다. 억울하고 힘들었던 시간보다는 즐거웠고 행복했던 때를 떠올리려고 노력하십시오. 설령 이혼의 책임이 자신에게 있었다는 생각에 죄책감이 든다 하더라도 지나친 책망과 후회는 오히려 나쁜 영향을 미칠 수 있습니다.

세 번째 함정은 **'의지하기'**입니다. 이혼 후 과도하게 부모나 가족, 친구에게 매달려 의존적으로 지내는 것도 좋지 않습니다. 심리적으로 힘들 때 일시적으로 주위 사람들에게 의지하는 것은 심리적 안정감을 얻는 데 도움이 되지만 그 정도가 지나치면 진정한 홀로서기는 요원한 길이 됩니다.

네 번째 함정은 **'미련 두기'**입니다. 자존심 상하지만 이혼 후에도 예전 배우자에게서 헤어나지 못하는 경우도 왕왕 있습니다. 자녀가 있는 경우 이러한 경향을 보이는 분들이 많습니다. 또 자신은 반대했으나 불가피하게 이혼한 경우, 우호적인 분위기에서 이혼한 경우, 상대방에게 아직 미련이 남아 있는 경우, 상대방에게 이혼에 대한 죄책감이 심한 경우, 이전 배우자에게 경제적으로 의지하는 경우도 과거의 관계에 미련을 쉽게 버리지 못하게 합니다. 하지만 이는 명백히 잘못된 관계로, 이혼 후의 새로운 생활을 개척하는 데 별 도움이 되지 않습니다.

생각을 전환하기

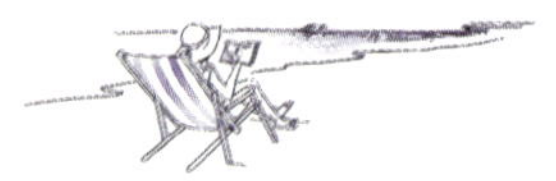

　결혼을 한 사람도 하지 않은 사람도, 결국 마지막에 가면 모두 혼자가 됩니다. 결혼생활을 잘 유지하며 살았다 하더라도 언젠가는 배우자와 사별하기 마련이며, 부모와 함께 살아간다 하더라도 언젠가 부모님은 나보다 먼저 이 세상을 떠나십니다. 자식이 있다 하더라도 평생을 끼고 살 수는 없는 일입니다.

　인간은 혼자서 왔다가 혼자서 가는 존재입니다. 이것은 누구도 피해갈 수 없는 만고의 진리입니다. 처음부터 싱글이었건, 돌아온 싱글이 되었건 결과적으로는 모두 싱글이 되는 것입니다. "누구나 싱글이 된다." 이렇게 생각하면 한결 마음이 가벼워지지 않을까요?

　이혼 초기에는 혼자 남았다는 막연한 두려움 때문에 아무것도 하지 못할 것 같은 심정 혼란을 겪을 수 있습니다. 과거의 아팠던 기억과 불확실한 미래 때문에 혼란스러우며, 자기 스스로가 원망스러워 하루 종일 울적한 기분으로 보낼 수도 있습니다. '과연 내가 앞으로 애들과 함께 혼자 살 수 있을까' 하는 걱정으로 날을 지새우기도 합니다.

그러나 어둠이 있으면 반드시 밝은 빛이 오게 마련이라는 믿음을 가져야 합니다. 또 당신은 혼자가 아니라는 점도 기억해야 합니다. 주변에는 당신 이외에도 수많은 이혼자들이 있으며, 이들도 당신과 같은 어려운 적응 과정을 거치며 극복하며 살고 있다는 점을 잊어서는 안 됩니다. '나만 아프다'고 생각하기보다 비슷한 처지의 사람들이 많다는 것을 기억하면 현재의 상황이 그렇게 절망적이고 미칠 것 같지만은 않을 것입니다.

돌싱에게는 파워가 있습니다. 바로 자신의 시간, 그리고 자신의 돈을 자신과 자신이 진심으로 사랑하는 이(자녀 혹은 부모)를 위해 사용할 수 있는 파워입니다.

실제로 돌싱이 된 남녀들에게 '다시 혼자가 돼서 좋은 점'을 물었더니 남성은 자유로운 생활을, 여성은 평화로운 생활을 1순위로 꼽았다고 합니다. 기혼자일 때와 달리 시간을 마음대로 쓸 수 있고, 늦게 귀가하거나 주말에 외출할 때 눈치 보지 않아도 되는 자유가 가장 좋다는 것이었습니다. 이어 '더 이상 배우자와 싸울 일이 없다', '자유롭게 이성을 만날 수 있다', '집안일에서 해방되었다' 등을 돌싱이 되어 얻은 장점으로 생각했습니다.

이혼한 케이스는 아니지만 지인 중에 부부사이가 좋기로 유명했던 어느 여자분에 대한 이야기를 하고 싶습니다. 이 여자분은 자식들도 일찌감치 해외로 내보내 모두 좋은 학교에 다니고 있어 부부가 주말마다 함께 등산을 하며 금슬을 자랑했지요. 그런데 50대 초반 불의의 사고로 남편이 일찍 세상을 떠나 주위에서 혼자 남겨진 것에 대해 걱정을 많이 했습니다. 그런데 한동안 슬픔에 잠겨 두문불출하던 그분이 오랜만에 모임에 나왔는데 의외로 씩씩하게 자신의 삶을 누릴 준비를 마친 상태였습니다.

"그이가 제게 현재라는 시간을 선물해주었다고 생각하기로 했어요."

이것이 그 여자분의 그녀다운 해석이었습니다. 남편을 그리워하며 자기만의 우울에 갇혀 지낼 수도 있었는데 과감하게 긍정의 에너지로 전환시켰던 거지요. 무엇이든 남편과 함께 해온 사람이기에 그 여자분에게는 친구들을 만날 기회도 별로 없었다고 해요. 하지만 요즘의 그녀는 시간이 날 때마다 친구들과 멤버를 교체해가며 여행이나 등산을 하며 인생을 즐기고 있습니다. 공연도 보러 가고 맛집도 찾아다니고 하면서요.

이처럼 세상에는 돌싱이 되는 것을 '선택'한 사람이 있는가 하면 어쩔 수 없이 돌싱이 된 경우도 있습니다. 또한 돌싱이 되기까지에는 '두 사람'이 '한 사람'이 되는 과정이 있고 거기에는 상실의 체험이 있습니다. 이혼은, 배우자 사망 다음으로 인생에서 가장 치명적인 사건이라고 보는 견해가 있습니다. 이혼에 이르는 과정 및 이혼 이후에도 이혼 당사자뿐 아니라 자녀들이 자신과 부모의 분노와 불신에 그대로 노출되어 극심한 스트레스를 경험하지요. 개인적 차원에서의 영향으로 그치는 게 아니라 사회적 차원에서 영향을 받습니다.

만날 때마다 남편 흉을 늘어놓느라 여념이 없던 50대 후반의 어느 여성이 남편을 병으로 잃게 되었습니다. 얼마 지나지 않아 초췌한 얼굴로 나타난 그녀는 이렇게 말했습니다. "없는 편이 나을 거라고 생각했는데 막상 떠나고 나니 이렇게 가슴에 사무칠 줄 몰랐지 뭐야."

아침에 눈을 떠 밤에 잠이 들 때까지 얼굴을 마주하고, 설령 대화가 없다 하더라도 같은 식탁에 앉아 식사를 하고, 함께 텔레비전 방송을 보고, 자식이나 손자에 대한 문제를 함께 고민하고 기쁨과 슬픔을 나누는 등 매일 매일의 생활을 함께 꾸려온 상대는 '공기와도 같은 존재'가 됩니다. 그리고 '공기'이기 때문에, 없어지고 나서야 소중함을 알게 되는 것이지요. 사랑을 했건 미워하기만 했건, 최소 몇 년에서 수십 년을 같이 해온 상대를 잃었을 때 느끼는 상실감의 깊이는 상상을 뛰어넘는 것입니다.

하지만 기왕 돌싱이 되었다면 돌싱이기 때문에 가질 수 있는 장점들을 누리는 것이 좋습니다. 일단 친구들을 만나는 것에도, 새로운 이성을 만나는 것에도, 어디로든 훌쩍 여행을 떠나는 것에도 자유가 생깁니다.

　위에 말했던 여성분은 시골에 작은 집을 얻어 혼자 살기 시작했습니다. 함께 지내자는 아들의 권유도 뿌리치고 오랫동안 살던 아파트를 떠나 작은 텃밭을 일구면서 지내고 있는데 처음으로 자신이 밭일에 소질이 있다는 걸 깨달았다며 즐거워합니다. 듣자하니 예전부터 흙을 가까이하면서 사는 것을 꿈꿔 왔다고 하더군요. 남편이 먼저 세상을 떠난 것은 불행한 일임에 틀림없지만 너무나 바빴던 남편과 함께였다면 이렇게 자연 속에서 사는 삶은 아마 불가능했을 겁니다.

　이혼이나 사별로 인한 상실의 체험이란 고통스러운 것임에 틀림없습니다. 그러나 상실은 동시에 자립을 가져다주기도 합니다. 혼자 남겨졌다는 두려움과 외로워서 견딜 수 없는 고통이 될 수도 있었을 시간을, 누군가의 눈치를 살피지 않아도 되고 누군가를 위해 시간을 비워두고 대기하지 않아도 되는 자신만의 시간으로 탈바꿈시키는 생각의 전환이 필요합니다.

나 자신에게 당당해지자

　이제는 자신을 더 이상 '억울한 희생양'으로 생각하지 맙시다. 예전 배우자가 형편없고 나쁜 사람이라 여기고 복수심을 품고 비난하는 처사는 도끼로 자신의 발등을 찍는 일이나 다름없습니다. 그런 사람을 배우자로 선택하고 살았던 것은 바로 자기 자신이기 때문입니다. 자신의 잘못된 과거의 행동에 대한 책임을 모면하고자 상대방을 비난하기보다는 자신의 과거와 싸워 이기려는 태도가 필요합니다. 예전 배우자가 더 이상 비난하고 깎아내려야 하는 악당이나 악녀가 아니라는 것을 인정할 때 자신이 피해자라는 생각 또한 사라지며, 진정한 나의 삶을 개척할 진짜 용기가 생겨납니다.

　과거에 서로 사랑했고 결혼했지만, 결혼생활은 두 사람 모두에게 상처만 남겼습니다. 이 상처를 전화위복의 기회로 삼느냐 과거에 발목이 잡혀 인생을 끝없는 수렁 속으로 밀어 넣느냐는 오로지 당신의 마음가짐에 달렸습니다. 이혼 후 자신이 경험하는 수많은 감정과 혼란, 생각들은 모두 스스로 만들었다는 사실은 이제는 알게 되었을 겁니다.

무엇보다 '결혼vs이혼=정상vs비정상'이라는 이분법적 논리는 잘못된 공식이라는 것을 염두에 둘 필요가 있습니다. 불행하든 행복하든 결혼이 유지되고 있으면 정상적이라고 보는 것은 결국 가족 내의 문제를 은폐하고 남녀 모두의 삶을 억압하게 되는 결과를 불러올 뿐입니다.

이혼은 대부분의 결혼에서 해결되지 않는 문제와 갈등이 드러나는 계기이며, 부부간의 관계가 멀어지고 갈등과 불신이 깊어질 수밖에 없는 구조와 제도의 모순을 극명하게 보여주는 하나의 창구입니다. 이혼을 통해 다양한 가족 문제를 고민하거나 결혼의 문제를 직시하고 진정으로 건강한 결혼을 제대로 설계할 수 있는 것입니다.

불행한 결혼생활을 할 수밖에 없던 이유를 스스로 찾아내고 이를 인정하고 해결하고 노력한다면 스스로 자신을 '실패한 인간'으로 규정하는 피해의식에서 벗어나 진정한 자기 삶의 주인이 되는 일을 적극적으로 고민하게 될 것입니다.

또한 아내 혹은 남편, 내조자, 어머니 혹은 아버지로서 쌓아온 경험은 그것이 왜곡된 조건 속에서 이루어진 것이라 할지라도 새로운 삶을 위한 잠재력이 되기도 합니다.

배우자로서 익힌 관계중심적 성향은 타인에 대한 배려와 섬세한 애정이라는, 관계를 위한 좋은 자원으로 활용될 수 있을 것입니다.

내조사로서 온갖 궂은일을 마다하지 않고 해온 경험은 세상에서 어떻게든 먹고살게 하는 힘으로 나타나거나 어려운 상황이 닥치더라도 놀라운 능력으로 해결하게 하는 수완으로 발휘되기도 합니다. 부모로서의 경험은 아이와 함께 성장하기 위해 해야 할 일에 대한 새로운 이해를 갖게 할 것입니다.

당신의 경험은 그것이 아무리 불행하고 힘든 것이었다 할지라도 당신 인생을 위한 자양분이 될 수 있습니다. 지금까지의 고통은 당신을 무너뜨리기 위한 것이 아니라 당신을 새로 세우기 위한 자원입니다. 평탄하기만 한 삶을 산 사람보다 당신이 가진 것이 훨씬 많은 것입니다. 세상 속에 당당하게 서십시오. 당신의 용기와 건강함이 결국 당신의 가족과 사회의 건강함으로 이어지게 될 것입니다.

헤어짐보다, 자녀양육

아이들에게 이혼 사실을 알려주자

이혼 후 상처받은 아이들 어떻게 할까?

이혼 후 양육 문제의 합리적 해결책은?

싱글맘 싱글대디로 살아가는 것은

또 다른 부모로 살아간다는 것의 의미란?

아이들에게 이혼 사실을 알려주자

이혼 후 양육해야 할 자녀가 있고 더구나 그 자녀들이 어린 경우 부모의 이혼 사실을 알리고 이해시키기는 것은 매우 어려운 일입니다. 하지만 어른들이 간과하고 있는 사실이 있습니다. 아이들은 우리 어른들이 짐작하는 것보다 더 많은 것들을 알고 있다는 사실입니다. 서너 살의 어린아이도 부모가 서로 사랑하지 않고 함께 사는 것을 불행해한다는 것을 잘 압니다. 또한 이혼으로 부모 중 한 명은 떠나가고 남은 부모가 자신을 돌보게 될 것이라는 사실도 결국에는 이해하고 납득합니다. 어찌됐건 부모의 이혼은 자녀들도 알고 있어야 하는 사실입니다. 부모의 관계가 뻔히 눈에 보이게 파탄이 났는데도 괜히 시간을 끌며 말해주지 않는 것은 자녀들의 혼란만 가중시킬 뿐입니다. 더구나 아이들이 부모의 이혼 여부를 물어올 때는 대답을 회피해서는 안 됩니다. 부모의 명확한 설명이 없으면 아이들은 나름대로 생각하고 스스로 결정을 내리기 때문입니다. 최악의 경우 자신의 잘못으로 부모가 헤어졌다고 생각해 죄책감에 빠져들 수 있습니다.

　그렇다면 언제 어떻게 자녀에게 이혼 사실을 알려주어야 할까요? 가장 좋은 방법은 가족 모두가 모인 자리에서 말해주는 것입니다. 부모가 한자리에 앉아 이혼을 설명하는 것은 '엄마아빠가 서로 헤어지더라도 너희들은 계속 돌볼 거야' 라는 메시지를 주어 아이들의 불안을 최소화시킬 수 있기 때문입니다. 또 아이들에게 부모의 이혼에 대한 느낌을 물어보고 자신의 기분을 말하게 함으로써 부모의 이혼은 고통스러운 일이지만 함께 해결해나갈 수 있다는 일체감을 갖게 해주는 것이 중요합니다.

　자녀가 어린 경우에는 엄마 아빠 중 누가 먹여주고 재워주며 함께 살 것인지, 따로 살게 될 아빠(엄마)와는 얼마나 자주 만날 수 있는지 자세하게 설명해줘야 합니다. 나이가 좀 있는 경우라면 부모가 결혼생활을 깨지 않기 위해 얼마나 노력했는지 충분히 설명해주되 부모 중 어느 한쪽을 편들도록 강요해서는 안 됩니다. 아이에게 있어 부모란 양쪽 다 소중한 존재입니다. '엄마가 좋아? 아빠가 좋아?' 와 같은 가벼운 질문도 아이에게 혼란을 줄 수 있는데, 하물며 자신을 낳아준 부모 중 어느 한쪽을 선택하도록 강요한다는 것은 아이에게 극심한 정체성 혼란과 회복되지 않는 상실감 및 배신감을 안겨줄 수 있습니다. 상대방이 아무리 밉더라도 자녀에게까지 자신의 감정을 전가하지 않도록 노력해야 합니다.

물론 파경에 이르기까지 경험한 고통과 마음의 상처, 불신, 배신감 등의 부정적인 감정은 너무나도 크기 때문에, 자녀들에게 이런 악감정이 전달되지 않도록 하면서 결혼생활의 종료를 냉정하게 전달하는 일은, 사실상 불가능에 가까우리만큼 어려운 일입니다. 하지만 부모는 자녀에게 있어서 세상에서 가장 강한 존재라는 사실을 반드시 기억하십시오. 부모의 이혼 그 자체만으로도 자녀는 이미 큰 시련 속에 처해졌습니다. 더 이상 자녀에게 자신의 짐을 전가시키지 않도록 용기를 내어야 할 것입니다.

아마도 자녀에게 이혼을 알리면서 당면하게 될 가장 어려운 문제는 '누가 먼저 이혼을 원했는가'를 설명하는 일일 것입니다. 먼저 이혼을 주장한 부모는 혹시 자녀들이 자신을 비난하게 될까 봐 두려워하기 마련입니다. 무엇보다 중요한 것은 솔직한 대화입니다. 갈등을 포장하거나 어느 한쪽으로 잘못을 몰아가는 식으로 자녀를 속이려고 하면 신뢰감을 줄 수 없습니다. 이혼에 이르게 된 이유는 객관적으로 충분히 설명해주고, 허심탄회하고 솔직한 대화를 통해 아이들이 스스로 판단하도록 해야 합니다. 부모와의 진솔한 대화를 통해 자녀들은 비로소 부모가 부득이하게 따로 살게 되지만 여전히 자신을 사랑하고 염려하고 있다는 것을 진심으로 믿게 되고 안심하게 됩니다.

이혼에 이르게 된 결정적인 사건만 잘 이해시킨다면 아이들도 충격에 비교적 잘 대처해 나갑니다. 이혼이 심사숙고 끝에 합리적으로 결정되었고, 문제를 해결하기 위한 최선의 방안이었다면 더욱 잘 대처해나갈 수 있을 것입니다.

다음은 보다 구체적으로 정리한 '자녀에게 이혼을 설명하는 방법들'입니다.

1) 이혼의 의미와 이혼에 이르게 된 과정을 설명해줍니다.

이혼에 이르게 된 원인과 문제를 이해하기 쉽게 정확하게 말해줍니다. 아이들이 어린 경우에는 이해할 때까지 몇 번이고 반복해서 설명해줘야 합니다. 부모의 결정이 충동적인 것이 아니라 수없이 생각하고 고민한 끝에 내린 결정이라는 점 또한 이해시켜야 합니다.

2) 이혼 후에도 부모 모두가 아이들을 계속 사랑하고 돌봐줄 것임을 강조합니다.

어느 한쪽이 같이 살지는 않더라도 규칙적으로, 또는 필요시 언제든지 만날 수 있음을 자세히 반복해서 설명해줍니다. 이혼 후라도 자녀들은 마음껏 부모를 만나고 사랑할 수 있다는 것을 확실히 합니다. 물론 이러한 약속은 자녀를 안심시키기 위한 임시방편의 거짓말이어서는 안 됩니다.

3) 이혼 후 생길 수 있는 일상생활의 변화를 설명해줍니다.

앞으로 부모 중 누구와 살게 되는지, 어디에서 지내게 되고, 같은 학교에 계속 다니게 될지 아니면 전학을 가게 될지 설명해줍니다. 또 부모의 생각과 달리 아이들도 의외로 경제적인 문제를 걱정합니다. 이혼 후에도 자신이 좋아하는 장난감이나 게임기를 살 수 있는지, 피자나 햄버거를 먹을 수 있는지, 유치원이나 학원에 계속 다닐 수 있는지 궁금해 합니다. 만약 양육을 맡은 부모가 경제적으로 여유가 없다면 자녀에게 상황을 설명하고 절약하도록 도움을 요청해야 합니다. 공개적이고 솔직하게 대화하되 부모 모두가 힘을 합쳐 문제를 해결할 것이라는 점을 이해시킵니다.

4) 부모의 이혼은 자녀의 잘못이 아니라는 것을 분명히 합니다.

아이들은 부모의 이혼이 자기들 때문이라고 생각하는 경향이 있습니다. 엄마 혹은 아빠가 자신을 사랑하지 않기 때문에 떠나는 것이라고 믿고 죄책감에 빠지기 쉽습니다. 때문에 부모 문제에 자녀들은 어떠한 책임도 없다는 점을 명확하게 강조해야 합니다. 이혼하는 것은 부모이지 아이들이 부모 자식 간이 아니라는 점을 몇 번이고 설명해 이해시켜야 합니다.

5) 자녀 앞에서는 상대방을 존중하는 태도를 보여야 합니다.

속마음이야 어떻든 자녀 앞에서만큼은 공공연히 상대방을 비난해서는 안 됩니다. 더구나 자녀로 하여금 부모 중 어느 한쪽 편을 들 것을 강요하는 것은 자녀로 하여금 한쪽 부모를 잃어버리게 만드는 것입니다. 더 나아가 자녀로 하여금 '나쁜 부모'와 닮은 자신의 외모나 성격, 습관 등을 부정하게 해 결과적으로 자기혐오에 빠지게 만들 수 있습니다.

이렇게 자녀들에게 이혼 사실을 충분히 알린 이후에도 궁금한 것이 있으면 언제든지 질문할 수 있도록 기회를 열어두어야 합니다. 부모뿐 아니라 자녀에게도 이혼 적응 기간이 필요하기 때문입니다. 이 과정에서 언제든지 자신의 느낌을 표현하고 토로할 수 있어야 보다 빠른 시일 내에 충격을 극복하고 건강한 시각으로 자라날 수 있을 것입니다.

지금까지 말씀드린 것은 일종의 '모범 답안'입니다. 이혼과 관련된 책이나 웹사이트, 그리고 심리치료실에서 흔히 볼 수 있는 잡지 기사에도 소개된 방법들이지요. 문제는 현실은 사뭇 다르다는 것입니다.

이혼은 결국 지금의 가족이 헤어지는 것을 의미합니다. 가족이

라는 울타리가 자신을 지켜줄 최선의 방어막인 동시에 세상 그
무엇보다 소중한 아이들에게 이혼은 당사자인 부모 이상으로 혼
란스럽고 고통스러운 일입니다. 부모가 아무리 안심시켜도 기존
의 세계가 둘로 쪼개져버린 자녀들은 슬픔 속에서 불안에 떨 수
밖에 없습니다.

이혼은 두 사람이 결정한 일이지만 그 여파는 자녀들에게 상상할
수 없을 만큼 크게 미친다는 것을 잊지 말아야 합니다. 자녀의 상처
를 보듬어주기 위해 양쪽 다 최선을 다해야 할 것입니다.

이혼 후 상처받은 아이들 어떻게 할까?

사실 아이들에게 부모의 이혼이란 무엇과도 비교할 수 없는 크나큰 비극입니다. 엄마나 아빠가 눈물을 머금고 어린 자식 앞에서 곧 이혼할 것이라고 말하는 순간, 자식은 엄마나 아빠 또는 두 사람이 모두 충격과 슬픔, 그리고 분노로 동요하는 모습을 처음으로 접하게 됩니다.

아이들은 부모가 두려움에 떨거나 아파하면 겁에 질립니다. 부모란 무서운 바깥세상으로부터 자신들을 지켜줘야 하는 방어막이고, 세상에서 가장 위대한 존재였습니다. 하지만 그런 부모가 이제는 사랑받지 못하고 버림받은 채 홀로 강풍과 맞서 싸우며 때로는 연약해지는 모습을 지켜봐야 하는 것입니다. 더구나 부모들은 자신들에게 닥친 비극에 취해 아이들이 자신과 똑같은 감정에 시달리지 않도록 보호하지 못합니다. 심지어 자녀들에게 위로받기를 원하며 의지하기도 합니다.

이혼이 자녀에게 미치는 영향과 이혼 후의 적응 과정 등에 대한 연구 자료를 보면 이혼 가정의 아이들이 보이는 증상은 주로 여섯 가지로 나타난다고 합니다.

첫째가 부모 중 한쪽을 잃어버린 상실감으로 인한 우울, 감정변화, 불면, 주의력 결핍 등의 증상입니다. 둘째가 자신의 양육을 맡은 부모에게서도 버림받을지 모른다는 두려움, 우리 집은 앞으로 어떻게 될까 하는 미래에 대한 불안감입니다. 셋째가 부모 모두 또는 한쪽으로부터 버려졌다는 깊은 유기감입니다. 네 번째 증상은 대부분의 아이들이 이혼 후 부모의 관심이 줄어들었다고 인식하며, 절반 이상의 아이들이 옆에 없는 부모를 그리워하는 것이었습니다. 다섯째, 이혼 가정의 아이들은 때때로 극심한 분노에 휩싸여 공격적인 행동을 보이는데, 분노의 대상은 주로 자기를 두고 떠나버린 한쪽 부모였습니다. 여섯째, 부모는 각자 아이들을 자기편으로 끌어들이고자 경쟁하게 되는데, 아이들은 한쪽의 부모와 너무 가까워지면 다른 쪽 부모에 대한 배신이라 생각하고 죄책감에 시달리기도 했습니다.

이혼 이후 아이들을 만나보면 대개는 엄마보다는 아빠와의 관계가 더 나빠졌다고 생각하는 경우가 많았습니다. 자녀의 양육권을 엄마가 갖는 경우가 많기 때문이기도 하겠지만, 아빠는 처음부터 집에 잘 없는 사람이라는 인식도 원인이 될 것입니다. 또 딸보다는 아들이 이혼에 대해 더 격렬하게 분노하고 슬퍼하는 것으로 알려져 있습니다. 아빠가 떠났다는 것은 아들의 입장에서 동일시의 대상을 상실하게 된 것이고, 한때는 자신의 우상으로 생각했던 아빠가 이제는 '엄마와 나를 버린 아빠', '엄마로부터 미움 받는 아빠' 가 되어버린 꼴이기 때문입니다. 딸보다 아들이 힘들어하는 또 다른 이유는 '남아 있는 엄마' 에게 있습니다. 아들의 용모와 자세, 버릇 등에서 자신을 버리고 떠난 전 남편의 모습을 보고 자기도 모르게 화풀이를 하는 엄마들이 있는 것입니다. 더구나 이혼 사유가 아빠 쪽에 있다면 남자아이는 외가 식구들에게도 구박을 받을 가능성이 높아 정서적으로 더 심각한 악영향을 받을 수 있습니다.

실제로 편모슬하의 남자아이는 같은 상황의 여자아이보다 엄마가 자신을 부정적으로 보고 있다고 인식하는 것으로 조사 결과 나타났습니다. 반면 여자아이는 남자아이보다는 자긍심이 높았고 엄마의 관심도 적극적으로 이끌어내는 것으로 나타났습니다. 또한 이혼 가정의 자녀들을 추적 조사한 연구에서도 남자아이보다 여자아이가 모든 면에서 잘 적응하는 것으로 밝혀졌다고 합니다. 남자아이는 이혼 후 바뀐 가정 상황에 더 힘들어하고 우울해하며 부모의 재결합에 큰 관심을 두는 반면, 여자아이는 여자의 입장에서 엄마에게 적극적으로 동조하고 함께 아빠를 비난하는 등 이혼 후 생활에 적절하게 적응하는 경향을 보였습니다.

때문에 남자아이는 이혼 후 엄마보다 아빠와 함께 사는 것이 더 나을지 모릅니다. 엄마와 살 때보다는 자긍심, 독립심, 성숙도, 교우

관계 등에서 더 긍정적인 영향을 받는 것으로 보이기 때문입니다. 이런 이유 때문인지 어릴 때는 엄마와 살던 남자아이도 청소년기가 되면 아빠를 찾는 경향이 있습니다.

물론 성별을 떠나 이혼 가정에 잘 적응하는 아이들도 많습니다. 부모의 이혼이 오히려 정신적 성숙을 불러일으켜 어른스러운 책임감과 독립심을 가지고 모범적으로 생활하는 자녀들도 많습니다. 편부모 밑이라 하더라도 안정감을 느끼며 순조로운 성장을 보이는 아이들을 보면 대개 양육을 맡은 부모 역시 심리적으로 안정된 상태인 것을 알 수 있습니다. 주로 엄마들인 이들 양육권자는 우울감에 빠져 있지 않았고 상대 배우자를 증오하지도 않았으며 자녀들로 하여금 자신을 편들도록 강요하지도 않았습니다. 결국 중요한 것은 자녀와 함께 사는 부모가 강하게 마음먹고 긍정적으로 살아가야 아이들도 이혼으로 인한 나쁜 영향을 최소한으로 겪고 스스로 극복해 나간다는 사실입니다.

이혼 가정의 아이들 중에는 세상에 대한 적개심으로 반항을 하거나 폭력적이 되거나 술이나 담배에 일찍 손을 대는 경우도 있습니다. 이와 달리 아이 특유의 자기중심적인 사고를 버리고 약해진 부모에게 시선을 돌리는 경우도 있습니다. 소위 '애어른이 됐다'고 하는 경우입니다. 반항아가 되건, 애어른이 되건, 어느 쪽이건 상실감과 혼란이 한데 뒤엉킨 아이들이 선택하는 새로운 생존방식입니다.

이혼한 가정의 아이들에게 설문 조사를 해봤더니 절반 이상이 "아주 어릴 때부터 마치 어른이 된 것 같았다"고 응답했다고 합니다. 어린 시절부터 부모를 지켜줘야 할 대상으로 인식하고 형제자매를 돌봐야 한다는 막중한 책임감에 시달리는 것입니다.

부모가 이혼하지 않은 가정의 자녀 중에는 이처럼 생각하는 아이들 수가 훨씬 적었습니다. 일찍 철드는 아이들을 어른의 눈으로 '대견하다', '멋지다' 라고만 여겨야 할 일인지 한번 생각해보아야 할 것입니다.

이혼 후 양육 문제의 합리적 해결책은?

　이혼한 당사자들이야말로 가장 극심한 충격과 심리적 혼돈 속에 있기 때문에 사실 자녀가 있다 하더라도 제대로 돌봐주기 힘든 법입니다. 한동안은 본인도 혼자만의 시간을 갖고 스스로 추스를 시간을 가져야 하는데, 당장 아이들을 위해 음식을 만들어야 하고 옷을 세탁해야 하며 학교생활에 관심도 보여야 하는 아주 어려운 상황에 놓이는 것입니다. 결국 제때 해소되지 못한 정신적 스트레스가 쌓이면 아이들에게 화를 내거나 때리기도 하는 등 극단적으로 감정을 폭발시키게 될 수 있습니다. 차라리 이럴 때는 상대방의 동의를 구해 따로 사는 아빠 혹은 엄마에게 잠시 보내는 것이 낫습니다. 하루라도 보지 못하면 병이 날 것처럼 사랑스러운 자식들이라도 일단은 내가 살아야, 또 건강해야 제대로 돌볼 수 있기 때문입니다. 잠시라도 여유를 가지면서 한숨 돌린 후 다시 아이들과의 생활을 시작하십시오. 이 또한 자신의 감정보다는 아이들의 정서를 고려해야 하는 일이기 때문에 무거운 책임감과 결단력이 필요합니다.

만일 자녀가 집안일을 도울 수 있는 나이라면 장보기, 요리하기, 청소하기, 동생 돌보기 같은 것들을 나누어 시킬 수 있어야 합니다. 간혹 안 그래도 아이들에게 미안한데 집안일까지 시킬 수 없다며 혼자서 기어이 일과 살림을 도맡아 하려는 분들이 있습니다만, 자신을 혹사시키며 무리하게 아이들을 책임지는 것은 결코 바람직하지 않습니다. 아이들에게 오히려 집안일을 나누어 맡기는 것이 아이들도 가정에 책임감을 갖게 되고 부모의 어려움을 이해하게 되며 동시에 가족이 함께할 수 있는 시간도 늘일 수 있어 일석이조의 효과를 얻을 수 있습니다.

다른 사람의 도움 없이 홀로 자녀를 양육해야 하는 부모의 입장도 난감하기 짝이 없는 일이지만 자녀가 받는 스트레스도 고려해야 합니다. 특히 열 살 안팎의 아이들이라면 돌연 화를 잘 내고 퉁명스러운 태도를 보일 수 있는데 이를 가지고 서운해 하거나 화를 내고 야단쳤다가는 문제를 더욱 악화시킬 뿐입니다. 아이들이 공격적으로 변하는 것은 부모로부터 완전히 버림받을지 모른다는 무의식의 두려움 때문입니다. 자기가 처한 상황이 무섭기 때문에 화를 내는 것입니다. 아이를 안쓰럽게 생각하고 더욱 보듬어줘야 할 일입니다. 오히려 자주 안아주고 격려해줌으로써 사랑을 느끼게 해주어야 합니다.

한편으로는 아이가 이해할 수 있는 명확한 규칙을 만들어 합당한 제재를 하는 것도 중요합니다. 만약 아이가 계속해서 반항하고 저항한다면 규칙에 따라 벌을 주고, 아이가 규칙을 잘 따른다면 즉시 칭찬해주고 정해진 보상을 해주는 것입니다. 말을 듣지 않는 자녀들을 막무가내로 혼내는 것도 문제지만, 이혼했다는 죄책감으로 아이들의 잘못을 마냥 눈감아주는 것도 나쁜 행동을 은연중에 조장해서 더 큰 문제를 만들어내게 됩니다. 만약 아이들의 잘못된 행동이 개선되지 않고 갈수록 더 심해져 학교에서도 문제를 일으킨다면 따로 살고 있는 예전 배우자에게도 알리고 반드시 도움을 받아야 합니다.

다음은 이혼 직후 자녀 양육에 있어 꼭 지켜야 할 사항들입니다.

1) 따로 지내는 경우 아이들을 규칙적으로 방문하는 것이 중요합니다.

아이들은 부모 중 한쪽이 없어짐으로써 이미 극심한 상실감과 불안감에 시달리고 있습니다. 아이들을 보러 가겠다고 약속해놓고 편의에 따라 약속을 어긴다면 부모에 대한 불신, 나아가 생의 불안이 돌이킬 수 없을 정도로 깊어질 것입니다. 아이들과 상의해서 방문 시간을 정하고 그 약속을 정확하게 지킵시다. 방문 약속만큼은 절대로 어겨서는 안 되므로 시행이 가능하도록 여유롭게 계획을 짜는 것이 좋습니다. 또한 기회가 된다면 아이들을 자신의 집으로 데려와 하룻밤쯤 함께 지내며 편안한 분위기에서 그동안 있었던 일을 허심탄회하게 대화하며 일상을 나누도록 합시다. 아이와 수다를 떠는 것은 놀이동산에 데려가거나 값비싼 선물을 하는 것보다 아빠(엄마)노릇을 하는 데 더 효과적입니다.

2) 약속한 양육비는 꼭 지급하십시오.

이혼은 부모 모두에게 경제적 어려움을 초래하지만 아빠보다는 엄마 쪽이 더 어렵기 마련이고 이는 엄마와 함께 사는 아이들에게 악영향을 미칠 수 있습니다. 돈이 없어서 다니던 학원을 중단해야 하고, 배우고 싶은 것을 포기해야 하고, 필요한 것을 제때 갖지 못하게 되면 아이들은 심리적으로 위축될 수밖에 없습니다.

또 부모 중 어느 한쪽이라도 양육비 지원에 소홀히 한다면 자신이 충분히 보호받지 못한다고 생각할 수 있습니다. 아직 성인이 되지 못한 자녀에게 보호받지 못한다는 불안감만큼 위협적인 것은 없습니다. 배우자로서의 책임은 벗어났어도 부모로서의 책임은 소홀히 하지 마십시오.

3) 이혼 후의 환경 변화는 최소한도로 하는 것이 좋습니다.

부모가 이혼한 뒤라도 예전과 같은 집에서 살고, 같은 학교와 친구들을 만날 수 있다면 심리적 충격을 줄일 수 있습니다. 내 물건이 있는 익숙한 방, 어릴 때부터 친하게 지낸 친구들, 나를 지지해주고 염려해주는 선생님들이야말로 자녀에게는 가장 큰 힘이 되는 존재들인 것입니다. 만약 부득이 생활환경을 바꿔야 한다면 이를 미리 자세히 설명하고 이해를 구해야 합니다. 더불어 자녀의 상실감을 최소화시킬 수 있는 다른 방안을 함께 고민하는 것이 좋습니다.

4) 아이를 부모의 메신저나 스파이로 이용해서는 안 됩니다.

따로 살고 있는 부모를 만나고 온 자녀에게 예전 배우자가 어떻게 지내는지, 새로 만나는 사람은 없는지, 경제적인 상황은 어떻게 보이는지와 같은 문제는 되도록 물어보지 않는 게 좋습니다. 그렇다고 전처 또는 전남편의 근황에 아예 관심을 끊는 것도 좋지 않습니다. 아이들이 다른 부모를 만나러 갔을 때 어떻게 지내는지 전혀 관심이 없다는 뜻으로 비칠 수 있기 때문입니다. 한쪽 부모를 만나러 갔을 때 즐거웠는지, 행복했는지, 무엇을 하며 시간을 보냈는지 정도의 관심을 보이되, 예전 배우자의 일거수일투족을 캐내려는 듯한 질문은 삼가야 합니다. 특히 경제력이 좀더 나은 쪽을 만나러 갈 때 은연중에 아이들이 상대방에게 전달해주기를 바라면서 ‘현재 얼마나 어렵게 사는지’ 따위를 하소연하지 않도록 합니다. 만약 예전 배우자에게 경제적인 요구를 하고 싶다면 직접 상대방에게 물어보고 해결하는 것이 바람직합니다.

5) 최악의 상황으로 위협하는 것은 최악의 상황을 만들 뿐입니다.

설혹 아이가 말을 잘 듣지 않는다고 해서 "자꾸 그러면 엄마도 집 나가버릴 거야", "다시는 아빠를 못 만나게 할 거야"와 같은 내용으로 협박을 하는 것은 정말이지 해서는 안 되는 일입니다. 안 그래도 불안한 자녀의 마음에 돌이킬 수 없는 상처를 줄 수 있습니다. 그 같은 협박이 잘 먹히는 것처럼 보인다고 해서, 즉 겁을 먹은 아이가 일시적으로 말을 잘 듣는다고 해서 문제가 해결됐다고 착각하지 마십시오. 한 번 상처 입은 어린 영혼은 오랜 세월이 흘러도 성장하지 못하고 여러 가지 어려움을 겪게 됩니다. 또한 당장 굶어죽을 지경이 아니라면 아이들 앞에서 돈 걱정을 해서도 안 됩니다. 어떤 상황에서든 아이와 함께할 것이며 아이가 꿈을 이룰 수 있도록 최선을 다해 지원해주겠다는 믿음을 심어주어야 합니다. 만약 자녀가 따로 사는 아빠 혹은 엄마를 향해 적개심을 표출한다면 이에 맞장구치기보다는 아이가 자신의 감정을 직접 분노의 대상자에게 말하고 해결하도록 도와주어야 사회적으로 건강하고 균형 잡힌 구성원으로 자라날 수 있을 것입니다.

싱글맘 싱글대디로 살아간다는 것은

양육권 분쟁이 일어난 경우 자녀가 어리면 어릴수록 양육에는 모성이 가장 중요하다는 이유로 엄마 쪽이 유리한 판결을 받는 경우가 많습니다. 하지만 최근 들어 아이의 성장에는 엄마뿐 아니라 아빠의 역할도 중요하다는 점이 알려지고, 생활가전의 발달과 육아도우미 등의 인력 활용 기회가 많아지면서 점차 아빠들에게도 양육권을 인정하는 추세입니다.

엄마가 키우건 아빠가 키우건 싱글맘·싱글대디가 된다는 것은 상당한 부담이 될 수밖에 없는 일입니다. 이혼 전에는 부모가 나누어 하던 역할들, 즉 교육을 책임지는 가정교사, 생활비를 벌어오는 가장, 식사를 책임지는 요리사, 다치면 치료해주는 간호사, 청소 등의 집안일을 하는 가정부, 아이의 고민을 들어주는 상담사 등의 역할을 이제부터는 모두 혼자서 해내야 하는 것입니다.

"남자를 포기해야겠다는 생각을 했죠. 남자가 아니라 아빠로 살아야 되겠다. 제일 먼저 생각했던 게 그거였죠. 지금은 아플 겨를도 없이 살아요. 게다가 저희 애들은 사소한 것까지 전부 아빠한테 물어봐요. 특히 둘째는 하루에 수십 통씩 문자를 보내고 아이스크림 있는데 먹어도 돼요? 그런 것까지 다 물어보죠. 그런 건 묻지 말고 있으면 먹고, 먹고 싶으면 먹고 하라고 해도 소용이 없어요." 〈37세, 이혼남〉

만약 당신이 싱글맘 혹은 싱글대디로서 자녀를 혼자 키우고자 한다면, 즉 양육권을 갖고 싶다면 다음의 질문을 먼저 스스로에게 물어볼 것을 권합니다.

'내게 전남편(전처)보다 아이를 더 사랑하고 더 잘 돌볼 수 있는 능력이 있는가?'

아이와 아이의 사랑을 혼자 차지하고 싶은 욕심, 나 혼자라고 아이를 잘 키우지 못하랴 하는 오기, 밉살스러운 상대방에 대한 반발심 등으로 아이를 양육하려고 하는 것은 아닌지 냉정하게 고민해봐야 하는 것입니다.

싱글맘·싱글대디가 되는 일에는 신중한 계획과 특별하고 꾸준한 노력, 엄청난 희생정신이 필요합니다. 또한 싱글맘·싱글대디가 되는 것은 자신의 능력을 다시 한 번 객관적으로 돌아보는 기회가 되기도 합니다. 지금까지 아빠 혹은 엄마의 영역이라고 생각했던 부분을 나도 할 수 있다는 자부심을 키우는 계기가 되기도 하고, 직장생활에만 쏟던 에너지를 아이를 위한 시간으로 돌릴 기회로 삼을 수 있다는 것도 좋은 일일 수 있습니다. 혼자서 아이를 키우는 것은 많은 노력과 수고가 드는 일이지만 한편으로는 아이들이 좋아하는 엄마 혹은 아빠와 함께 평화로워진 가정환경을 누릴 수 있게 하는 것도 좋은 점입니다. 무엇보다 아이를 직접 양육할 때의 가장 좋은 점은 아이들과 일상을 공유하며 가깝게 지낼 수 있다는 점일 것입니다.

부부가 함께 양육할 때는 부모의 감정을 아이들에게 노출하는 것을 자제하기 마련입니다. 부모로서의 첫 번째 역할은 아이의 가장 든든한 보호자가 되는 것이기 때문입니다. 하지만 싱글맘·싱글대디는 아이들의 보호자인 동시에 붕괴된 가정의 조난자이며 함께 살아남은 동지이기도 합니다. 자연스럽게 양육의 어려움을 아이들에게 솔직하게 말하고 감정을 표현할 수 있게 됩니다. 때로는 자녀가 서로 위로하고 용기를 북돋는 친구처럼 느껴지기도 합니다. 아이들 역시 엄마 혹은 아빠가 슈퍼맨이 아닌 보통 사람이라는 것을 느끼게 되고 이해하게 됨으로써 가족간의 친밀감과 믿음이 더욱 강화되게 됩니다.

싱글맘·싱글대디가 가장 주의해야 할 점은 직장생활과 양육을 병행하느라 에너지를 방전해버리게 되는 일입니다. 싱글맘·싱글대디의 가장 큰 어려움은 할 일이 많아도 너무 많아 좀처럼 개인적인 시간을 낼 수 없다는 것입니다. 아이들 때문에 자기 삶을 온전히 희생하는 것이나 마찬가지인데, 아이러니하게도 최선을 다해 악착같이 살면 살수록 아이들과의 관계는 갈수록 소원해지는 경우도 많습니다. 아이들에게 어른의 관점에서 무조건적인 이해를 바라고 있는 것은 아닌지, 내가 내 인생을 희생하는 것처럼 아이들이 자신들의 인생을 희생하기를 요구하고 있는 것은 아닌지 생각해볼 일입니다.

아이들 입장에서는 생활에 찌들어 힘들어하고 우울해하며 짜증을 많이 내는 싱글맘·싱글대디보다는 같이 살지 않더라도 가끔씩 찾아오는 세련되고 우아한 아빠나 엄마가 더 좋을 수도 있습니다. 자녀들의 이런 태도에 배신감을 느끼고 울적해지는 것은 인지상정이지만, 이런 식이라면 뭐 하러 아이들을 맡아 키우기로 했는지 자괴감을 느끼게 될 따름입니다. 가끔은 스스로에게 충분한 휴식을 주어 스트레스를 해소하는 현명한 싱글맘·싱글대디가 되기 바랍니다. 아이들도 가끔은 혼자만의 시간을 갖고 싶어하는 싱글맘·싱글대디를 이해해줄 것입니다. 그 이후 한결 편안해지고 활발해진 엄마 아빠를 보게 된다면요.

안간힘을 쓰며 혼자서 가정을 끌고 가려다가 그만 쓰러져버리는 불상사를 방지하기 위해, 모든 집안일과 아이 돌보기를 일정표에 따라 규칙적으로 하는 것이 좋습니다. 저녁 7시에는 저녁식사를 하고 저녁 9시에는 모두가 취침해야 하는 식으로 하루 일정을 정해 규칙적으로 시행하고 아이들도 이에 적응한다면 조금이나마 혼자만을 위한 자유시간을 가질 수 있게 될 것입니다. 또 가사일을 혼자서

다 하려고 하지 말고 아이들에게도 적절한 역할을 주어 맡기는 것이 좋습니다. 설거지와 청소기 돌리기 등의 간단한 집안일은 아이들의 나이에 맞게 당번을 정해줍시다. 도움을 받을 수 있는 주변 인물이나 단체를 찾는 것도 중요합니다. 비슷한 처지의 싱글맘·싱글대디 들의 모임을 찾아 홀로 양육의 어려움과 해결 방법을 서로 공유하는 것도 큰 도움이 됩니다.

싱글맘·싱글대디를 위협하는 가장 큰 문제는 우울증입니다. 혼자서 아이를 키우는 것은 해보지 않은 사람은 전혀 짐작도 안 갈 만큼 심적으로나 육체적으로나 힘든 일이라 자칫 잘못하다가는 극심한 탈진과 무력감에 빠질 수 있습니다. 함께 사는 엄마나 아빠가 우울해지면 아이들도 덩달아 우울감에 휩싸이게 됩니다. 또 엄마 혹은 아빠가 힘들다고 해서 어린 자녀에게 너무 일찍 어른의 역할을 강요하거나 지나치게 기대려고 해서도 안 됩니다. 이혼 후에는 이혼 전의 규칙이 모두 바뀌는 것처럼 자녀들과의 관계도 재검토되어야 할 것입니다. 싱글맘·싱글대디가 아이들과 잘 지내기 위해 가장 먼저 염두에 두어야 할 점으로 다음의 세 가지를 참고해주십시오.

1) 아이들에게도 자신의 감정과 말할 기회를 줍시다.

아이들도 부모의 이혼에 따른 정신적 충격을 받았기에 아이들이 상처받고 분노하는 것은 지극히 당연한 일입니다. 이것을 자연스럽게 외부로 배출하지 않으면 평생을 지배할 트라우마가 생기기 마련입니다. 아이들이 자신의 감정을 솔직하게 표현하도록 대화의 장을 언제나 열어둡시다. 그리고 아이가 자기감정을 표출할 때 죄책감을 가지고 방어적으로 대하거나 변명할 필요는 없습니다. 단지 들어주는 것만으로도 충분합니다.

2) 부모 자신도 감정에 솔직해져야 합니다.

일반적으로 부모들은 가정을 꾸려나가고 아이를 키우고 직장에 나가 돈을 버는 일이 얼마나 힘든지 자녀들에게 잘 말하지 않습니다. 하지만 당신은 혼자서 이 모든 일을 하고 있습니다. 힘든 것을 티내지 않고 참고만 산다고 해서 능사가 아닙니다. 감정을 참기만 하면 아이들은 자신의 부모를 비현실적인 존재로 느끼고 오히려 거리감을 가질 수 있습니다. 부모의 걱정을 아이들에게 전가하고 싶지 않은 마음은 알지만 부정적인 감정을 어떻게 적절히 해소하는지를 가르치는 것도 부모로서의 중요한 역할입니다.

3) 함께하는 시간의 양보다 질이 중요합니다.

이 땅의 수많은 싱글맘 · 싱글대디가 직장에 다니느라 아이들과 함께 지낼 시간이 부족하다고 걱정합니다. 하지만 정말로 중요한 것은 아이들과 함께 보내는 시간의 길이가 아니라 질입니다.

퇴근 후 단 한 시간만이라도 애정 어린 대화를 나누거나 즐거운 놀이를 함께하는 것이 몇 시간이고 아이 혼자 TV 앞에 버려두고 밀린 집안일을 하는 것보다 훨씬 바람직합니다. 또 힘들게 하루 일을 마친 다음 아이들과 즐겁게 노는 것은 부모의 스트레스 해소에도 아주 효과적입니다. 아이와 함께 즐길 수 있는 놀이를 적극적으로 찾는 자세가 필요합니다.

또 다른 부모로 살아간다는 것의 의미란?

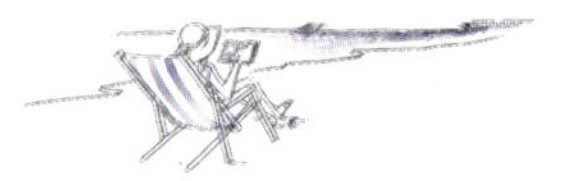

　싱글맘·싱글대디로 살아가는 것도 힘든 일이지만 자녀와 따로 떨어져 지내야 한다는 것도 고통스럽기는 마찬가지입니다. 아이와 함께 살고 있는 엄마나 아빠를 '일차부모' 라 한다면 따로 살고 있는 부모를 '이차부모' 라고 할 수 있는데, 이차부모는 일차부모와 또 다른 여러 가지 어려움에 직면하게 됩니다.

　이혼 후에도 아이들을 자주 만나겠다는 이혼 전의 각오와 달리 시간이 지나면서 자녀와 만나는 횟수는 자연스럽게 점차 줄어들게 됩니다. 몸이 멀어지면 마음이 멀어진다는 것은 부모 자식 간에도 통용되는 말인 것인지, 만나는 횟수가 뜸해질수록 자녀와의 관계가 서먹서먹해지는 것처럼 느껴져 서운하고 불안하기 짝이 없습니다. 만약 아이들과 지내고 있는 예전 배우자가 재혼을 하고 자녀들도 새로운 가정에 순조롭게 적응하고 있다면 아이들과의 사이는 더욱 멀게 느껴질 수밖에 없습니다. 때로는 아이들을 통째로 빼앗긴 듯한 지독한 상실감마저 느끼게 됩니다.

중요한 사실은 비록 자주 만나지 못하더라도 아이들은 자신을 낳아준 아빠 혹은 엄마를 여전히 사랑하고 필요로 하고 있다는 점입니다. 설혹 자녀들이 새로운 계부나 계모를 자신들의 양육자로 온전히 받아들였다 하더라도 생부나 생모에 대한 그리움과 애정은 무엇으로도 침해받을 수 없는 것입니다. 자녀가 자신을 더 이상 사랑하지 않을지도 모른다는 두려움은 사실이 아닐 경우가 대부분입니다. 아이들의 사랑을 의심하지 마십시오. 두려움 없이 아이들을 사랑하십시오.

이밖에도 이차부모들이 공통적으로 겪는 어려움들은 다음과 같습니다.

첫 번째는 이혼 후 자녀를 규칙적으로 만나러 가는 것 자체가 유쾌한 일이기 힘들다는 점입니다. 아이들뿐 아니라 예전 배우자 또한 만나게 될 가능성이 높기 때문입니다. 아이들을 만나기 위해 이혼 전 살던 집을 찾아가야 하는 경우에는 더더욱 심리적인 거부감이 일어납니다. 이런 경우 살던 집이 아니라 학교나 어린이집 같은 중립적 장소에서 아이들을 만나는 편이 심리적 부담감을 덜어낼 수 있어 좋을 것입니다.

두 번째 어려움은 아무 때나 아이들을 만날 수 없다는 점입니다. 아이들과 함께 살고 있는 예전 배우자와 좋은 관계를 유지하고 있다면 모르지만, 그렇지 않은 경우에는 아이들이 보고 싶어질 때마다 전처(혹은 전남편)에게 얘기하고 약속을 정해야 합니다. 때로는 이 과정에서 사정에 가까운 부탁을 해야 할 때가 있어서 자존심이 상하기도 합니다.

세 번째 어려움은 스스로가 '보모' 같은 느낌이 든다는 점입니다. 아이들과 함께 사는 엄마(혹은 아빠)가 자신이 필요할 때 일방적으로 전화해서 불쑥 아이들을 맡기는 경우가 많기 때문입니다. 이럴 때는 자신이 아이의 부모가 아니라 무료로 봉사하는 보모처럼 느껴져 자괴감이 들 수 있습니다.

네 번째 어려움은 아이의 분노감입니다. 이혼 후 따로 사는 아빠(혹은 엄마)들은 아이들이 자신을 만나는 것을 거부할까 봐 걱정합니다. 아빠(혹은 엄마)가 자기를 버리고 떠나갔고 가정을 깨버렸다는 분노감에 휩싸인 아이로부터 직접적으로 비난을 듣기도 합니다. 하지만 이럴 때일수록 아이들에게 가까이 다가가려는 노력을 더욱 기울여야 할 것입니다. 아이의 분노 이면에는 사랑을 확인받고 싶어하는 강한 욕구가 내재되어 있기 때문입니다. 아이가 나를 미워하는 것처럼 보이는 것은 내가 충분히 사랑해주지 못했기 때문이라는 것을 기억하십시오. 사랑만이 상처받은 아이를 위로하고 더불어 나의 상처도 치유해줄 수 있습니다.

자녀와 좋은 관계를 유지하고 있는 이차부모들을 보면 아이와의 관계를 무엇보다도 가장 우선순위에 두고 있고, 어떤 상황에서든 사랑과 관심이 식지 않았음을 말과 행동으로 꾸준하게 보여주고 있음을 알 수 있습니다. 비록 함께 살고 있시는 못하더라도 아이들에 대해 자세하게 파악하고 있어서 친구와 담임선생님의 이름은 물론 아이들의 취미와 최근의 관심 분야까지 정확하게 알고 있는 것입니다. 또한 성공한 이차부모는 아이와 전처 혹은 전남편의 변덕에도 잘 대처하며 상대방의 모욕적인 언사에도 화내지 않고 여유롭게 넘기는 편입니다. 더불어 자신의 역할이 제한적일 수밖에 없음을 받아들이고, 아이와 동거중인 전처 혹은 전남편의 생활에 시비를 걸거나 간섭을 하지 않습니다. 아이와 동거중인 엄마나 아빠를 비판하는 것은 아이와의 관계를 망치게 할 뿐이라는 것을 잘 알고 있는 것입니다.

이차부모가 염두에 두어야 할 또 다른 점은 아이들과 가끔씩 길게 만나는 것보다 자주 짧게 만나는 것이 더 효과적이라는 점입니다. 때문에 이혼 후라도 아이들을 자주 볼 수 있는 근거리에 사는 것을 진지하게 고려해볼 만합니다. 특히 자녀가 아주 어린 경우에는 더더욱 자주 방문하도록 신경을 써야 합니다. 떨어져 있는 기간이 길면 길수록 서먹해진 관계를 복구하느라 오랜 시간이 걸리고, 만났다 헤어질 때마다 아이들이 몹시 힘들어하기 때문입니다. 또다시 언제 올지 모를 아빠(혹은 엄마)를 기다리는 것은 어린 자녀에게 너무나 가혹한 일입니다.

부득이한 사정 때문에 아이들과 멀리 떨어져 살 수밖에 없다면 그 이유를 자세히 설명해주고 '사정이 이러저러해서 멀리 떠나지만 약속된 날 꼭 만나러 오겠다'고 확인해 두어야 합니다. 이렇게 정해진 약속은 무슨 일이 있어도 지켜야 하는 것은 물론입니다. 또 휴대폰이나 인터넷 이메일, SNS 등으로 일상을 공유하고 언제든지 대화의 통로를 열어두는 것도 중요합니다.

자녀를 만났을 때는 가능한 한 많은 시간을 할애해 그 시간 동안 온전히 아이에게 집중해주십시오. 자녀가 어릴 때는 함께 놀이를 하고 자주 포옹하는 등의 신체적 접촉이 무엇보다 중요하고 필요합니다. 자녀가 청소년일 경우에는 아이의 관심거리에 대한 자상한 대화가 친밀감 형성에 효과적입니다. 아이들이 관심 있어 하는 분야의 최근 동향이나 새로운 소식을 어느 정도 챙겨두는 것을 추천합니다. 아이보다 더 많이, 자세히 알 필요는 없습니다. 대화가 가능한 정도의 정보면 충분합니다. 자신이 하는 말을 이해하고 맞장구치고 관심을 보이는 당신에게 아이는 따스한 애정을 느끼고 든든한 지원군을 얻은 것마냥 마음이 뿌듯해질 것입니다.

간혹 아이들을 만날 때 잠깐 얼굴만 비추고는 할머니나 고모(이모) 같은 다른 친지에게 몇 시간씩 맡겨두고 자신의 급한 볼일을 처리하는 경우가 있습니다. 절대로, 절대로 이런 일은 삼가야 합니다. 아이들과 만나는 시간에는 아이들에게만 집중하십시오. 그렇지 않으면 아빠(혹은 엄마)가 자신들을 억지로 만난다고 느낀 아이들이 이후의 만남을 거부하거나 비뚤어진 심리 상태로 엇나가게 될 수 있습니다. 설혹, 실제로 당신의 마음은 그렇지 않다 하더라도, 아이들과 있는 동안만큼은 그 무엇보다 아이들을 우선시해야 합니다. 아이들은 이미 당신의 이혼으로 상처받았습니다. 겉으로는 아무리 괜찮은 척하더라도 아이는 혼자서 무거운 짐을 감당하고 있는 것입니다. 그런 아이에게 2차 3차 상처를 주는 것은 너무나 잔인한 일입니다.

이차부모들의 또 다른 고민은 아이들을 만날 때마다 '어떻게' 시간을 보내야 하는가의 문제입니다. 대개의 이차부모들이 그래서 놀이동산이나 패밀리 레스토랑, 백화점 등에 가는 식으로 아이들과의 시간에 많은 비용을 들이는 경향이 있습니다. 특히 이혼 전 자녀와의 시간보다는 직장생활에 더 골몰했던 아빠들이 자녀와 만났을 때 무엇을 해야 좋을지 고민하는 경우가 많습니다. 하지만 아이에게 돈을 많이 쓴다고 해서 아이와의 관계가 좋아질 거라고 생각한다면 오산입니다. 비싼 장난감이나 고급 레스토랑에서의 식사가 아빠(혹은 엄마)의 죄책감을 없애는 데는 도움이 될 수 있겠지만 아이에게 중요한 것은 부모와 함께 보내는 시간 그 자체인 것입니다.

아이들이 가장 기뻐하는 선물은 명품 브랜드 옷이나 최신 게임기가 아니라, 당신과 함께 보내는 시간과 이를 통해 확인할 수 있는 아빠(혹은 엄마)의 사랑이라는 것을 잊지 마시기 바랍니다.

돌싱으로 살아가는 즐거움

더블보다 더 행복하게 살아가기

싱글보다 아름답게 사는 길은 있다

누구보다 건강하게 살아가는 방법 익히기

스마트한 경제생활 꾸려가기 노하우

돌싱, 성숙한 인생의 개척자로 돌아가자

더블보다 더 행복하게 살아가기

　이제 행복한 돌싱으로 살기 위한 우선시되어야 할 첫 번째 단계는 '독립된 주거 공간'을 마련하는 것입니다. 특히 나이 들어 돌싱이 된 이후에 가장 문제가 되는 것 중 하나가 바로 어디에서 살 것인가 하는 문제입니다. 젊고 건강했을 때야 어딘들 문제이겠냐마는 나이가 들고 몸이 예전 같지 않다면 문제는 심각해집니다.

　예전부터 개인적으로 신기하게 생각한 게 있습니다. 병원 신세를 지고 있는 사람이나 실버타운 같은 시설에 있는 사람들을 만나보면 모두 "내 집으로 돌아가고 싶다"고 호소한다는 것입니다. 그리고 병원이나 시설의 관리자나 책임자들을 만나 "나중에 몸이 아파 누군가의 도움을 필요로 하게 되었을 때는 어디서 살고 싶습니까"라고 질문했을 때도, 아무리 훌륭한 시설과 서비스를 자랑하는 곳에 있는 분이라 하더라도 대답이 모두 한결 같았습니다. "내 집에서 살고 싶다"고 대답한 것이지요.

　어떤 여성 돌싱분은 결혼 생활 내내 남편에게 얹혀사는 기분이

들어 참을 수 없었다고 합니다. 경제력을 가진 전남편의 횡포에 짓눌려 살다가 간신히 탈출하듯 이혼했을 때, 작은 원룸 한 칸을 얻은 것만으로도 너무나 기뻤다고 합니다.

"제가 소중하게 생각하는 물건을 몽땅 가지고 드디어 내가 살 원룸으로 이사 온 후에야 '와, 여기가 내 집이고, 여기 있는 이 사람이 바로 나고 이게 내 인생이구나' 하는 생각이 들었어요."

이 돌싱 여성에게 새로운 보금자리는 단순히 비바람을 피할 수 있는 거처의 의미가 아니었습니다. 주거공간은 바로 내 삶이 시작되는 곳입니다. 누구의 눈치도 볼 필요 없이 완전히 자유로워질 수 있는 공간, 아무도 침해할 수 없는 나만의 공간입니다.

이처럼 내가 온전히 독차지할 수 있고 자유롭게 시간을 사용할 수 있는 '내 집'을 갖는 것은 가족이 있는 사람에게도 돌싱인 사람에게도 무척 중요한 문제인 것입니다.

아이가 있다면 모르지만 혼자 살게 될 경우 방 두세 개 이상의 넓은 아파트는 필요가 없습니다. 원룸이나 작은 오피스텔도 충분합니다. 다른 사람의 시선은 중요하지 않습니다. 내 물건을 내 마음대로 놓아둘 수 있는 고정적인 주거 공간을 꼭 마련하십시오. 일시적으로 부모님이나 친구 집에 잠시 몸을 의탁할 수도 있지만 적어도 석 달 이상은 신세를 지지 않도록 합시다. 다른 사람에게 의지해 지내다 보면 당당하게 홀로 서겠다는 의지도 어느새 약해질 위험이 있기 때문입니다.

살 곳을 확보했다면 다음은 생활의 안전을 어떻게 확보할 것인가가 문제입니다. 요즘은 세상이 흉흉해져서 혼자 사는 사람은 범죄의 피해자가 될 위험이 무척 높아졌습니다. 특히 여자와 나이가 많은 노인은 더더욱 그렇습니다. 제가 어렸을 때만 해도 집집마다 문을 열어두고 사는 경우가 많았습니다. 굳이 문을 잠그고 다닐 필요를 느끼지 못했습니다. 하지만 요즘은 사정이 완전히 달라져서 창문마다 두터운 쇠창살을 두르지 않으면 안심하지 못하는 사회가 되었습니다.

미국에 노년학 연구자인 팻 무어라는 사람이 있었습니다. 1970년대 말 20대의 젊은이었던 팻 무어는 80대 할머니로 변장하고는 뉴욕의 거리를 걸었다고 해요. 그러자 젊은이들이 함부로 몸을 부딪혀왔고 핸드백을 날치기하는 등 호된 일들을 경험하게 됐다고 합니다. "도시에서 늙은 여자로 살아가는 것은 위험하다"는 것이 그녀의 실험 결과였습니다.

하지만 사실 엄밀히 따져보면 신문이나 뉴스에서 연일 떠들어대는 것처럼 흉악범죄나 살인사건이 압도적으로 늘어난 것은 아닙니다. 다만 대중에게 알려지는 사건 사고가 많아진 것일 뿐이지요. 어떤 조사 결과에 따르면 뉴스를 많이 보거나 신문을 자주 읽는 사람일수록 세상에 대한 불안감이 강하다고 합니다. 미리 안전에 대해 만전의 준비를 기하는 것도 좋지만 과도하게 걱정할 필요는 없습니다.

삶에 있어서 위험은 반드시 존재합니다. 집 안에만 있다고 해서 안전한 것도 아닙니다. 항상 여러 명의 보디가드를 호위를 받는 사람도 목숨의 위협을 느낄 수 있으며, 철벽으로 두른 깊은 성 안에 숨는다고 해도 이런저런 사건 사고로부터 완벽하게 보호될 수는 없는 법입니다. 그러니 사방에 위험이 도사리고 있다는 사실은 인정하되 두렵다는 이유로 하고 싶은 일을 포기하지 않겠다는 건강한 마음과 용기가 필요합니다. 사고도 재난도 범죄도 모두 예측 불가능한 위험 중 하나일 뿐입니다. 사고를 대비하는 것은 좋지만 그것을 이유로 자신의 삶을 제약하는 것은 본말전도가 아닐까 합니다. 비행기 사고가 무서워서 해외여행을 한 번도 가지 못한 분들을 종종 보게 됩니다. 교통사고가 무서워서 평생 운전을 엄두도 못 내는 분들도 많습니다. 평생 절식하고 금주하며 철저하게 계획표대로 살아오시던 분이 갑작스러운 심장병이나 사고로 돌아가시는 경우도 저는 많이 목격했습니다. 결국 '살고 죽는 것은 이미 정해진 것'이라는 말에 자꾸만 공감하게 됩니다. 일단 주어진 삶을 최선을 다해 즐기는 것이 자기 자신에게도 덜 미안한 일이 될 것입니다. 과감하게 두려움을 벗어던지고 삶의 무한한 가능성을 향해 몸을 던져보십시오. 용기 있는 사람이 용감한 행동을 하는 것이지만, 때로는 용감한 행동이 용기를 불러일으키기도 한다는 것을 직접 경험해 보십시오. 새로운 시도와 그로 인해 되살아나는 뜻밖의 열정은 당신의 삶을 누구보다 빛나고 아름답게 만들어줄 것입니다.

고독을 다스리는 지혜도 필요합니다. 친구가 많아도, 기르는 애완동물이 있어도, 눈에 넣어도 아프지 않은 자식이 있어도, 때때로 '나는 혼자다' 라는 생각이 가슴을 사무치게 할 때가 많습니다. 그럴 때는 누군가에게 '당신은 혼자가 아니에요' 라는 이야기를 듣는다고 해서 괜찮아질 리도 없습니다. 하지만 그 누군가가 이렇게 말해준다면 어떨까요. "당신의 외로움과 고독을 내가 완전히 이해할 수는 없지만, 당신과 마찬가지로 고독 속에 있는 나는 최소한 당신이 고독하다는 사실만큼은 알고 있어요."

돌싱에게 있어 고독은 소중한 파트너입니다. 고독을 회피하려는 대신에 고독과 사귀는 법을 배우는 편이 좋을 것입니다. 고독은 잘못 활용하면 해로운 감정에 불과하겠지만 잘만 활용하면 지혜를 선사하는 좋은 친구가 될 수 있습니다.

고독을 상대하는 데에는 두 가지 방법이 존재합니다. 달랠 것인가, 정면으로 승부할 것인가. 먼저 정면으로 승부하는 법을 알아볼까요?

"피할 수 없다면 즐겨라!"라는 말을 들어보셨을 겁니다. 고독도 마찬가지입니다. 먼저 '혼자 있는 것'과 '외로움'을 구분합시다. 혼자 있다고 해서 무작정 외로운 것은 아니니까요. 혼자 좋아하는 음악을 들으며 지켜보는 노을, 조용한 산책로를 홀로 걷는 즐거움, 아기자기하고 분위기 좋은 까페에 홀로 앉아 재미있는 소설을 읽는

시간…… 홀로 있는 시간은 다른 사람을 배려하거나 눈치를 볼 필
요 없이 나 자신에게 온전한 즐거움을 선사해줄 수 있는 기회인 것
입니다. 사람들과 함께 있어 느끼는 즐거움도 있지만, 혼자이기 때
문에 더 크게 느껴지는 즐거움도 분명 있습니다. 특히 자연은 고독
의 가장 좋은 벗입니다. 자연 속에 있노라면 나 자신이 얼마나 미미
한 존재인지, 나의 고통이라는 것도 얼마나 보잘것없는 것인지 실
감할 수 있게 됩니다. 산에 핀 꽃은 무척 아름답지만 나를 위해 피어
있지는 않습니다. 정상에서 바라보는 일출은 가슴이 먹먹해질 정도
로 장관이지만 태양은 내가 태어나기 전부터 떠올랐고 내가 죽고
없어진 이후에도 그러할 것입니다. 그처럼 위대한 자연 속에 있다
는 것만으로도 삶의 기적을 느끼게 됩니다. 고통은 작아지고, 자신
은 더 소중해집니다.

자신이 하는 일에 집중하는 것도 고독과 정면으로 승부하는 방법
일 수 있습니다. 사회적 성취감이 삶의 모든 것을 채워주는 것은 아
니지만 자아를 실현하고 어엿한 사회 구성원으로서 느끼는 보람은
고독의 대가라 하더라도 꽤나 뿌듯하고 큰 것입니다. 최선을 다해
내가 하는 일, 내가 좋아하는 분야에 매진해 봅시다.

고독을 달래는 법에 대해서도 얘기해보겠습니다. 정 외로울 때는
참지 맙시다. 외로울 때는 친구를 불러냅시다. 슬플 때, 아플 때, 사
무치게 외로울 때, 혼란스러울 때, 스스럼없이 불러내 도움을 요청

할 수 있는 친구는 행복한 돌싱 라이프를 위한 꼭 필요한 존재입니다.

혼자 지내는 것에 익숙해진 사람은 혼자 지내는 것뿐만 아니라 다른 사람과 관계를 맺는 것에 대해서도 능숙합니다. 혼자 지낸다는 것의 즐거움은 물론 그에 따른 불안도 잘 알고 있기 때문입니다.

가족관계는 영원한 것이 아닙니다. 일도 영원히 계속되지 않습니다. 모든 것이 떠나가고 마지막으로 남게 되는 것은 바로 친구입니다. 돌싱은 자신의 시간과 에너지를 배우자를 위해 사용하지 않는 대신 친구를 만들고 그것을 관리하는 데 사용해야 합니다. 혹자는 우정에는 관리가 따로 필요 없다고 말합니다만 천만의 말씀입니다. 오랫동안 보지 못했어도 마치 어제 헤어진 것처럼 만나는 친구만이 진짜 친구인 것은 아닙니다. 필요할 때 달려와 주고, 힘들 때 기댈 수 있고, 서로 위로해주고, 진심으로 기쁨을 나눌 수 있을 때 비로소 그 사람을 친구라고 부를 수 있지 않을까요. 그리고 그러한 친구를 만드는 데는 노력이 필요하고 관리도 필요한 것입니다.

말이 나온 김에 한마디 더 하자면 가족관계에도 관리가 필요합니다. 특히 남성분들이 가족은 말을 안 해도 다 이해해주는 관계처럼 생각하는 경향이 있습니다만, 바로 이런 태도가 아버지를 가정 내에서 왕따로 만드는 것인지도 모릅니다. 세상에 내버려둬도 유지되는 관계는 어디에도 없습니다.

참고로 친구는 이해관계가 없는 영역에서 만나는 것이 좋습니다.

직장 동료는 언제고 라이벌이 될 수 있기 때문입니다. 또 아이의 친구 엄마는 내 생활을 솔직하게 오픈하는 데 한계가 있습니다. 학창 시절을 함께한 친구가 가장 이상적이겠지만, 다른 영역에서 새롭게 친구를 만드는 것도 생각처럼 그렇게 어려운 일이 아닙니다. 취미활동이나 자원봉사 활동에 참가해보면 자신과는 전혀 다른 인생을 살고 있는 여러 종류의 사람들을 만날 수 있습니다. 당신이 '함께 있을 때 즐거운 사람'이라면 그들은 언제든지 당신의 좋은 친구가 되어줄 것입니다.

그럼 어떤 사람이 되어야 좋은 친구를 얻을 수 있을까요? 함께 있을 때 즐거운 사람이란 어떤 것일까요?

꼭 재미있는 사람이라거나 화제가 풍부한 사람이 될 필요는 없습니다. '화제가 풍부한 사람'이란 '혼자서 자기 얘기만 떠드는 사람'일 수도 있기 때문입니다. 대화란 서로 말을 주고받는 것인지 한쪽이 일방적으로 얘기하고 한쪽은 일방적으로 듣기만 해서는 결코 유쾌한 시간이 될 수 없겠지요.

특별히 유머를 잘 구사하지 않아도, 다른 사람의 이야기를 잘 들어주고 적재적소에서 알맞은 반응을 보여주는 사람은 어디에서든 환영받습니다. 또 대부분의 친목활동은 먹으면서 이루어지지요. 함께 식사할 사람이 많다는 것은 그 사람의 친분관계가 두루 넓다고 보아도 무방할 것입니다. 어떤 사람은 "인생에서 가장 소중한 것은 웃을 수 있는 저녁식사"라고 대답했습니다. 서로를 이해하고 있는 사람들과 함께 한 식탁에 둘러앉아 웃으며 즐기는 저녁식사. 이것이야말로 인생을 진짜로 풍요롭게 만들어주는 소중한 시간이 아닐까요.

　　좋은 친구를 사귀고 싶다면, 먼저 내가 좋은 사람이 되어야 한다는 것을 잊지 맙시다. 좋은 사람을 친구로 만드십시오. 좋은 사람이 될 가능성이 있는 사람을 친구로 사귀십시오. 그리고 나도 좋은 친구가 되기로 노력할 때, 인생에서 무엇과도 바꿀 수 없는 소중한 우정을 얻게 될 것입니다. 그리고 이처럼 소중한 우정이야말로 당신이 칠흑 같은 어둠 속에서 깊은 고독과 허무감을 느낄 때 당신에게 다시 용기를 불러일으킬 찬란한 빛이 되어줄 것입니다. 우정은 돌싱 라이프에 뿌리내릴 수 있는 가장 좋은 씨앗입니다.

싱글보다 아름답게 사는 길은 있다

많은 돌싱 남녀가 이혼 후 더 이상 이성의 관심을 받지 못할 거라고, 이성의 호감을 살 만한 매력을 상실했다고 생각합니다. 한창때라고 하기 힘들 만큼 나이가 들어버렸고, 이혼이라는 경력도 흠이고, 힘들었던 지난 시간이 얼굴에 드리운 그늘이 다른 사람들 눈에도 보일 만큼 짙을 거라고 생각합니다. 이러한 자신감 상실은 한때는 서로 사랑했던 배우자와의 관계가 단절된 것 자체가 영향을 끼쳤을 것입니다. 그러나 사실 매력이라는 것은 단순히 외모와 같은 외적인 조건에 달려 있지 않습니다. 많은 분들이 오해하는 것과 달리 매력은 순전히 내적인 힘입니다. 내면이 아름다운 사람은 그것이 어떻게든 밖으로 드러나게 되어 있습니다. 다만 그것이 효과적으로 드러나기 위한 약간의 장치, 세련된 메이크업이라든지, 어울리는 옷차림이라든지, 단정한 말투와 자연스러운 제스처 같은 꾸밈이 필요할 뿐입니다.

자기 자신에게 단점이 많다고 생각하고 스스로 위축되는 것은 상대방이 그런 느낌을 받도록 무언의 메시지를 보내는 것이나 다름없습니다. 스스로 당당해야 다른 사람도 나를 보고 '저 사람은 당당하고 멋진 사람'이라고 느낍니다. 내가 불편하다고 느끼면 상대방도 불편해하고, 내가 편안하다고 느끼면 상대방도 편안해하는 것입니다. 매력은 단순히 키, 몸매, 용모 상태에 따라 결정되는 것도 아닙니다. 물론 아름답고 잘난 용모는 강한 호감과 흥미를 불러일으키지만 그것은 1차적인 효과일 뿐입니다. 내면에 아무것도 없는 사람은 아무리 멋진 외모를 가지고 있어도 매력적일 수 없습니다. 제아무리 미인이고 미남이어도 속이 텅 빈 사람은 하루이틀, 아니 한두 시간이면 질려버리고 처음의 흥미를 잃게 합니다.

의외로 사람을 끌어당기는 매력 중 하나는 자신의 단점을 그대로 인정하고 받아들이는 태도에서 나옵니다. 너무 완벽한 사람보다 어딘가 허술한 사람이 더욱 매력적으로 보이는 것과 같은 이치입니다. 많은 사람들이 자신의 부족함을 들키지 않으려고 아등바등합니다. 경제적으로 풍족해 보이고 싶어서 비싼 가방을 사고, 수입 자동차를 몰며 자기를 위안합니다. 다른 사람보다 잘나 보이고 싶어서 대화의 주도권을 빼앗기지 않으려 기를 쓰고, 다른 사람의 허물을 들추어 떠들어대며, 진실한 충고를 비난으로 받아들여 기분나빠합니다. 완벽하게 보이고 싶어 고민이 있어도 속으로 끙끙 앓기만 하고 겉으로는 언제나 행복한 척, 아무 일 없는 척 합니다. 이런 사람은 시간이 지날수록 외면 받을 수밖에 없습니다. 부족하면 부족한

대로, 현재를 그대로 받아들이되 어려움을 극복하고자 노력하는 모습을 꾸준히 보인다면, 주변의 모든 사람이 당신의 노력을 인정하고 새롭게 태어난 당신의 매력을 알고자 관심을 보일 것입니다.

1. 취미생활을 합니다.

원래 관심 있는 분야든 새로운 분야든 취미 활동을 하는 것은 삶에 탄력을 주고 생기를 부여합니다. 또 의외의 적성을 발견할 기회가 되기도 하고, 새로운 사람을 만날 기회를 주기도 합니다. 좋아하는 일에 집중할 때는 저절로 마음의 상처가 아무는 셀프힐링도 경험할 수 있습니다. 무엇보다 좋아하는 일을 하는 것 자체가 행복지수를 높여줍니다.

2. 내게 어울리는 스타일을 찾습니다.

내가 좋아하는 스타일, 가장 편안하게 여기는 옷, 내가 고집하는 헤어스타일이 내게 꼭 어울리지 않을 수 있습니다. 내게 가장 잘 어울리는 것이 무엇인지 다시 한 번 고민해볼 필요가 있습니다. 어떤 사람에게는 딱딱한 정장보다는 히피 스타일의

루즈한 차림이 어울리고, 어떤 사람에게는 깔끔하게 처올린 머리보다 곱슬거리는 머리와 약간의 수염이 더 잘 어울릴 수 있습니다. 스타일은 내 정체성을 드러내 보여줍니다. 스타일은 내가 어떤 사람인지 보여주는 일종의 광고이기도 합니다. 그리고 스타일은 꼭 비싼 아이템으로 완성되는 것도 아닙니다. 인터넷에는 무수한 패션 사이트들이 있습니다. 잘만 뒤져보면 백화점 못지않게 질 좋은 물건을 단 돈 몇 만원으로 장만할 수 있습니다. 신체에 자신이 없는 사람이라도 인터넷을 이용하면 다양한 시도를 마음 놓고 할 수 있습니다. 처음엔 몇 번 실패하더라도 일단 시도하십시오. 스타일도 노력하면 감이 잡힙니다. 내가 지닌 멋을 아는 사람이 진정한 멋쟁이입니다.

3. 운동을 합니다. 지금 당장.

꾸준한 운동이야말로 성형 수술보다 더 자신을 효과적으로 아름답게 가꿔주는 방법입니다. 건강은 덤입니다. 운동은 스트레스를 해소시켜줄 뿐 아니라 머리도 더 좋아지게 만듭니다. 세포가 젊어지고 두뇌가 활성화됩니다. 몸에 탄력이 생기고 피부도 맑아집니다. 지금 당장 자리를 털고 일어나 스트레칭을 합시다. 편안한 차림으로 갈아입고 근처 운동장에 나갑시다. 단지 걷기만 하는 것으로도 좋은 운동이 됩니다.

누구보다 건강하게 살아가는 방법 익히기

　　이혼에 따른 스트레스는 면역기능의 저하를 가져와 각종 질병에 걸릴 위험이 커집니다. 마음이 아프면 몸도 아프기 마련인 것입니다. 여러 연구에서도 이혼 후 독신으로 사는 사람의 사망률이 높다고 보고된 바 있습니다. 돌싱 생활에서 무엇보다 중요한 것은 첫째도 둘째도 건강이기에, 이혼 후의 급격한 환경 변화와 정신적인 충적으로부터 스스로를 보호하는 일은 매우 중요합니다. 혼자 있을 때 아픈 것만큼 비참한 일은 없지요. 몸이 아프면 안 그래도 바닥인 자신감이 더 떨어지고 우울증도 깊어집니다. 돌보아야 할 아이들이 있다면 더더욱 아파서는 안 되겠지요.

　　스트레스를 줄이고 정서적 충격을 완화하는 데 가장 좋은 것은 역시 운동입니다. 이혼 후에는 무력감에 빠져 잘 움직이지도 먹지도 않는 경우가 많습니다만, 그것은 자기 자신을 유기하는 것이나 마찬가지인 것입니다. 같이 먹을 사람이 없어서, 차려 먹기 귀찮아서, 우울해서, 식욕이 없다는 이유로 식사를 소홀히 하면 심각한 건강 악화를 가져올 수 있습니다. 잠이 오지 않는다고 해서 밤마다 술을 마시거나, 움직이기 싫다고 해서 하루 종일 누워서 지내는 것도 건강에 심각한 악영향을 미칩니다. 더구나 이혼 전부터 지병이나 질병이 있었던 경우라면 생명이 위험해질 만큼 급격히 악화될 수 있으므로 특히 주의해야 합니다. 도저히 혼자서 자신을 추스를 자신이 없다면 가까운 친구나 이웃, 친인척에게 도움을 청하는 것도 적극적으로 고려해야 합니다.

돌싱의 건강을 위한 TIP

첫째, 외로움을 부정하지 말고 받아들이도록 합시다.

외로움은 이혼 후 거의 모든 사람이 경험하는 공통적인 심리이지만 다른 이들도 극복했고 당신도 그렇게 할 수 있습니다. 외로움의 크기는 항상 일정하지는 않습니다. 마치 파도처럼 밀려왔다가 언제 그랬냐는 듯 물러가기도 합니다. 그 파도를 애써 붙잡으려고도, 그 안에 더 깊숙이 들어가려고도 하지 마십시오. 그저 제자리에 가만히 멈춰 서서 외로움의 격랑을 가늠해 보고, 적시면 적시는 대로, 썰물처럼 빠져나가면 빠져나가는 대로 내버려두는 지혜가 필요합니다. 그러다 보면 어느새 약간의 외로움은 즐길 수 있게 되고 사무치는 외로움도 점차 줄어들어 홀로

있는 순간에도 마음이 편해지는 시간이 길어지는 것을 느끼게
될 것입니다.

둘째, 새로운 흥밋거리를 찾습니다.

가벼운 운동이나 재미를 느낄 수 있는 취미활동은 외로움을
극복하는 데 아주 효과적입니다. 어릴 때 하고 싶었지만 이런저
런 이유로 하지 못했던 일에도 한번 도전해 보세요. 그림그리
기, 외국어 공부, 소설쓰기, 사진 찍기 등등 큰 비용 없이도 당
신을 새로운 세계로 인도할 일들은 무궁무진합니다. 동네 최고
의 탁구선수나 배드민턴 고수가 되고자 마음먹어보는 것도 좋
을 것입니다.

셋째, 만나고자 했던 이들을 만나봅시다.

어릴 때 친했던 사촌 형제들, 오랫동안 소식이 끊긴 동창들,
고마웠던 은사들 등등, 좋은 추억이 있는 사람들에게 전화를 걸
어봅시다. 약속을 정해서 만나보기도 합시다. 자신의 처지 때문
에 사람 만나는 일이 썩 내키지 않을 수 있지만, 일단 작정하고
사람들을 만나기 시작하면 의외로 새로운 활력이 솟아나는 것
을 느끼게 될 것입니다. 좋은 사람들과의 편안한 자리는 긍정의

에너지를 붙어넣어주고 새로운 자신감도 안겨 줍니다. 무엇보다 '나 자신의 소중함'을 다시 한 번 느낄 수 있습니다. 예기치 않게 좋은 인연을 만들어나갈 기회도 얻을 수 있으니 일석이조입니다.

넷째, 혼자 마시는 술은 절대 금물！

홀로 있는 시간이 외로워서, 앞으로의 생활이 막막해서, 괜히 잠이 오지 않아서 홀로 밤마다 술을 홀짝이는 분들이 아마 많을 겁니다. 몇 잔의 술은 당장은 위로가 될지 몰라도 장기적으로 보면 육체적 건강은 물론 마음의 건강까지 좀먹게 할 뿐입니다. 술을 마시기보다 차라리 심야영화를 보러 나가는 것을 권해드립니다.

만화책이나 무협지, 로맨스소설 같은 가벼운 소설로 머리를 식히는 것도 좋을 것입니다. 도저히 마음이 심란해서 아무것도 손에 잡히지 않는다면 옷장 정리를 하거나, 쓰지 않는 물건을 한꺼번에 정리해 버리는 등으로 몸을 써서 일하는 것도 몸과 마음을 환기하는 데 좋습니다.

다섯째, 어떻게든 웃어 봅시다.

웃으면 복이 온다, 웃는 얼굴에 침 못 뱉는다 등등 우리는 웃음에 관한 여러 가지 조언들을 익히 들어 알고 있습니다. 웃음의 가장 큰 마력은 실제로 신체적 건강에 매우 많은 도움을 준다는 것입니다. 얼마나 정확한 통계인지는 모르겠으나 전 국민이 하루에 15분씩만 크게 웃으면 병원 환자가 절반으로 줄어든다는 말까지 있을 정도입니다. 웃으면 건강해집니다. 그리고 웃으면 더 아름다워집니다. 즐겁지 않더라도 웃어보십시오. 우울하고 짜증나는 상황이라 하더라도 억지로라도 입꼬리를 올려보십시오. 즐거웠던 순간을 떠올려보십시오. 며칠 전에 본 코미디 프로의 한 장면도 좋고, 아이가 어렸을 때 방긋거리던 얼굴을 떠올려도 좋고, 옛날에 내가 한 우스꽝스러운 실수를 떠올려도 좋습니다. 억지로라도 웃으면 정말 신기하게도 마음이 즐거워집니다. 해낼 수 있다는 자신감이 솟아오릅니다. 비록 세상이 당신을 울게 하더라도, 웃으십시오. 웃음이 당신에게 진정한 승리를 가져다줄 겁니다.

스마트한 경제생활 꾸려가기 노하우

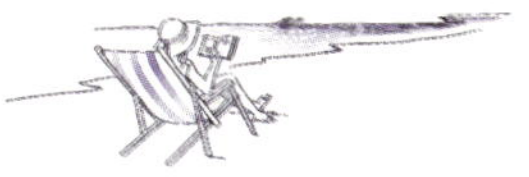

여성이든 남성이든 대개 이혼 후에는 경제적인 타격을 받기 마련입니다. 그리고 경제적인 어려움은 이혼 직후 가장 먼저 대두되는 현실적인 문제이기도 합니다. 결혼 전부터 재산이 많았다거나 부모님이 경제적으로 풍족한 경우, 이혼 전 부부 양쪽이 모두 탄탄한 직업이 있었던 경우를 제외하고는 부부로 함께 살 때보다 의외로 기본적인 생활비가 많이 들어 당황하기도 합니다. 최악의 경우에는 경제적인 곤란 때문에 하층민으로 전락하기도 합니다.

현재 우리나라의 전체 빈곤율을 10%로 추정하고 있습니다. 그런데 일하는 한 부모 가구의 빈곤율은 무려 26%이며, 일하지 않는 한 부모 가구의 빈곤율은 29%나 됩니다. 또 싱글맘 가구의 빈곤율이 싱글대디의 빈곤율보다 거의 두 배 가량 높은 것으로 나타났습니다.

직업을 가져본 적이 없는 여성 돌싱의 경우, 자녀 양육까지 맡게 되었을 때 경제적 곤란을 가장 크게 겪는다는 얘기입니다.

위자료와 양육비는 법원의 판결을 받고도 제대로 이행되지 않기 일쑤이고, 결혼 전의 경력이나 학력을 살릴 수 있는 일은 구하기 어려운 데다, 육체적으로 고된 노동을 해야 하는 일도 월급이 충분하지 않은 경우가 많습니다. 특히 생계 수단을 구할 마지막 자원인 건강과 젊음조차 결혼생활을 통해 잃었거나 어린아이가 딸린 경우, 그리고 주부 노릇만 하고 살아온 중산층 여성의 경우 경제적 곤란으로 인한 문제는 더욱 심각해집니다.

"할 수 있는 일이 없더라고요. 아르바이트로 애들을 가르쳐봤는데 그것도 옛날 얘기지, 나이 많다고 애들이 싫어하는데 어쩌겠어요. 학원 강사 자리조차 호적을 떼어오라고 하니, 누가 이혼녀를 쓰겠나요? 일단 제가 싫어서 서류를 못 내밀겠더라고요. 식당에서 막일도 해봤어요. 창피해서 얼굴을 못 들었어요. 그나마 일주일 하고 몸살이 나버리는 바람에 더 하지도 못했어요. 일류대를 장학금 타면서 다녔는데, 제가 이렇게 살 줄 누가 알았겠어요. 어릴 땐 아버지 그늘에서 편하게 살았고 결혼해서는 남편이 벌어다준 돈으로 먹고 살았으니……. 내가 이렇게 능력 없는 인간인 줄 정말 몰랐어요."
〈45세, 이혼 여성〉

이른바 '배울 만큼 배운' 중산층 여자의 먹고사는 문제는 다른 의미에서 심각합니다. 이런 분들은 스스로를 독립적이라고 생각하고 서민에 비해 상대적으로 높은 기대치와 예민한 권리 의식을 지녔지만, 실제로는 성신적멸 · 경제적 의존에서 벗어나지 못하고 있는 경우가 많습니다. 더구나 경제적인 문제는 단순히 '돈을 얼마나 버느냐'인 것만이 아닙니다. 자신이 당연히 누려야 하는 생활수준이라고 생각하는 것과 눈앞에 닥친 현실이 크게 다를 때 느끼는 괴리감은 쉽게 극복하기 힘든 문제이기 때문입니다. 오히려 경제적 자립 문제에 있어서는 이혼 전에도 어렵게 살아온 분들이 더 강한 면모를 보이는 경우가 많습니다.

"한 번도 남편이 벌어다주는 돈으로 살아본 적이 없어요. 하루 벌어서 죄다 술 먹는 데 쓰는 인간이었으니까요. 자식에게 용돈 한 푼 주는 것도 아까워서 하던 사람이니까. 이혼할 때도 저한테 위자료를 내놓으라고 하더라고요. 제가 가정을 파괴했다고. 처음에는 아이들을 나눠서 기르려고 했는데, 그 남자한테 가게 된 애들이 절망하는 얼굴을 보니까……그래서 결국 내가 다 기르겠다고 했어요. 지금은 식당을 하고 있는데 네 식구가 충분히 먹고살 만해요. 아직은 건강하니까요. 주위에서도 많이 도와주고 있고요." 〈39세 이혼 여성〉

사실 대부분의 돌싱 여성은 이처럼 이혼 이후 성공적으로 경제적 자립을 이루었습니다. 오히려 경제적으로 크게 성공하거나 사회적으로 지위가 올라간 경우도 있습니다. 돌싱 여성이 보여주는 경제적 자립 능력은 '참을 만큼 참은 사람이 보여주는 힘'인 것처럼도 보입니다. 결혼생활을 유지하기 위해 들였던 노력을 먹고사는 일에 기울였더니 '무슨 일을 하든 살아남을 수 있겠다' 는 자신감이 생기고 인생을 보는 새로운 눈이 트였다는 분들이 많습니다. 이혼 후에 대학에 진학하거나, 새로운 자격증을 따고, 자영업체 사장이 되기도 하면서 세상 사는 게 생각했던 것보다 어려운 것이 아니라는 사실을 깨닫는 경우는 결코 소수의 성공 스토리가 아닌 것입니다.

"위자료 한 푼 없이 이혼했어요. 처음엔 식당에서 일을 하며 악착같이 돈을 모았고 그 돈으로 장사를 시작했어요. 안 하는 것 없이 다 했어요. 잘될 때는 한 달에 천만 원씩 벌었어요. 저 스스로도 놀랐죠. 집 사고 차 사고 번듯한 가게도 냈어요. 몇 년째 쉬는 날 없이 일하고 있지만 노력한 만큼 결과가 나타나니까 아직은 할 만하고 재밌어요." 〈46세 이혼 여성〉

이혼 이후 먹고사는 일에 투자한 시간과 정열은 이처럼 돈과 사람과 즐거움을 주기도 하는 것입니다. 결국 이혼으로 인해 더 이상 불필요한 에너지를 낭비하지 않게 되고 진정으로 시급하고 중요한 일에 역량을 집중할 수 있게 된 것인지도 모릅니다.

물론 혼자 아이를 기르면서 가장노릇까지 한다는 건 실로 묘기에 가까운 일입니다. 아이에게 좋은 엄마 좋은 아빠가 되고 싶어서 이혼을 했는데, 현실은 바람대로 흘러가지 않을 때가 많습니다.

예전 배우자가 양육비 지급에 대한 책임을 다하지 않는 경우도 있습니다. 이럴 때는 우선 할 수 있는 모든 법적 조처를 다해봐야 합니다. 굳이 변호사를 구하지 않더라도 양육비 청구소송을 내는 일은 그리 어렵지 않습니다. 설령 생부 혹은 생모가 양육권과 친권을 포기했다 하더라도 호적상 생부?생모는 법적으로 아이에 대해 책임을 져야만 합니다. 또한 양육비 채권은 10년이 시효이기 때문에 이혼 후 10년 안에 청구하면 그동안 받지 못했던 돈까지 모두 한꺼번에 받아낼 수 있습니다. 물론 양육비 청구소송이 늘 승소하는 것은 아닙니다. 또 승소한다고 해도 당사자가 '배 째'라는 식으로 나오며 지불을 하지 않는 경우도 있습니다. 그러나 일단 청구소송을 하고 정당한 판결을 받아냈다면, 법원에서 전남편 혹은 전처의 월급이나 전세보증금을 가압류해주기도 하니, 지레 포기할 이유는 전혀 없습니다.

중요한 것은 양육비를 받아낸 이후의 일입니다. 이혼을 하고 자녀를 혼자 키우기로 결심한 이상, 양육비와는 별도로 스스로의 경제적 능력을 길러야 할 이유가 있기 때문입니다. 꾸준히 맞벌이를 해왔다거나 경력을 인정받을 만한 일을 해왔다면 모르지만, 전업주부로만 살아왔거나 꾸준한 직업을 가져본 적이 없다면 직업을 갖는 일이 한없이 막막하게만 느껴질지 모릅니다. 시작은 어설플 수밖에 없고, 마음에 쏙 드는 일을 찾기도 힘들지만, 일단은 시작하는 게 중요합니다. 캐셔든 식당 서빙이든 주차관리인이든 가사도우미든, 무엇이든 일단 시작해서 하다 보면 새로운 길이 보일 것입니다. 손에 잡히는 대로 일을 하다 보면 자신이 정말로 잘하는 일, 하고 싶은 일도 저절로 알게 됩니다. 단 불법 다단계나 보험 영업같은 일에 앞뒤 없이 빠져드는 것을 주의해야 합니다. 마음이 급하다 보니 큰돈을 벌 수 있다는 생각에 쉽게 유혹당하는 분들이 많습니다만, 진정한 자립을 이루려면 돈만 쫓아가서는 안 되는 법입니다.

자신이 가지고 있는 재능을 면밀히 살펴봅시다. 사람을 편안하게 상대하는 재주, 재봉틀 하나만 있으면 자유자재로 옷을 지어내는 재주, 아이들을 잘 돌보는 재주, 김치를 잘 담그는 재주 등등, 어떤 것이든 사업 아이템이 될 수 있고 새로운 비용을 창출하는 능력이 될 수 있습니다. 신체가 건강하다면 자신보다 고령자를 돌보는 일이나 유료 봉사활동을 하는 등 연령과 상관없는 일도 할 수 있습니다. 각 지역별로 운영하는 직업 관련 프로그램도 적극적으로 활용해볼 수 있습니다. 약간의 여윳돈이 있다면 사업을 해보는 것도 나쁘지 않습니다. 소규모로 창업해서 손해는 보지 않겠다는 마음으로 현명하게 운영한다면 큰 벌이는 되지 않더라도 생활하는 데 충분히 보탬이 될 만한 수익을 올릴 수 있을 것입니다.

고용주나 직장의 상사들은 아이들 때문에 싱글맘·싱글대디가 일을 소홀히 하지 않을까 걱정할 수 있습니다. 아이가 아프면 결근이나 조퇴를 할 수밖에 없기 때문입니다. 만일 적당한 직장을 구하려 한다면 일과 아이 양육 중 어느 것이 우선순위인지 먼저 생각해 봐야 합니다. 직장에 다니는 싱글맘·싱글대디 들은 홀로 아이들을 잘 키울 수 있을지 두려워하고 걱정하지만 아이들마다 필요로 하는 것이 다르기 때문에 반드시 일정한 법칙이나 교과서적인 모범 답안이 있는 것이 아닙니다. 주변에 믿을 만한 곳이 있어서 아이를 맡길 수 있다면 아이들도 어른들의 보호와 관심을 충분히 받을 수 있고, 한편으로 같은 집단 내 또래들과 지내면서 새로운 사회적 관계 기술을 배울 수 있습니다. 퇴근 후에라도 부모가 꾸준한 관심과 애정을 기울인다면 아이들은 별 탈 없이 잘 자라줄 것입니다.

양육해야 할 자녀가 없는, 오로지 혼자 사는 경우라면 돌싱 생활이 한결 여유로울 수 있습니다. 하지만 가정 살림을 전적으로 아내에게 맡겼던 돌싱남이라면 살림살이에 얼마나 많은 돈이 들어가는지 잘 모를 것입니다. 따라서 우선 자신의 수입에 근거해 예산을 잘 짜는 것이 중요합니다. 어찌됐건 혼자 살게 되면 특별한 경우가 아니면 가족과 함께 살 때보다 돈이 적게 듭니다. 그리고 그 돈을 당신이 정말로 사랑하는 사람, 즉 당신 자신을 위해 쓸 수 있습니다. 그것이야말로 진정으로 스마트한 경제생활이 아닐까요?

돌싱, 성숙한 인생의 개척자로 돌아가자

　이혼은 생각지도 못했던 다양한 감정의 세계로 당신을 안내할 수 있습니다. 난생처음으로 짙은 패배감과 열등감을 느끼게 할 수도 있습니다.

　이혼자는 실패자, 낙오자라는 스스로의 심리적 낙인 때문에 바깥 활동이나 대인 관계에 있어서 위축되는 분들이 많지만 실제로 이혼은 더 나은 삶을 위한 '합리적 결정'임을 알아야 합니다. 불행한 결혼생활임에도 불구하고 이혼을 자기 문제로 받아들이지 못하고 자기 자신을 파괴하며 무늬만 부부생활을 하는 사람에 비해 건강하고 강한 자아를 가진 사람만이 내릴 수 있는 결정인 것입니다.

　제가 만나본 돌싱남녀 중 특히 힘든 결혼생활을 했던 여성분들은 아무도 지나간 결혼 생활로 돌아가고 싶어 하지 않았습니다. 과거를 후회하기도 하고 때로 그리워도 했지만 그것은 안정된 가정에 대한 희망과 꿈이지 과거의 현실 자체는 아니었습니다. 그분들에게 이혼은 '천국은 아니지만 최소한 지옥으로부터 벗어난' 경험이었습니다. 그리고 이혼 후 어러 가지 문제에도 불구하고 경제적 활동을 하고 아이를 기르고 새로운 사람들도 만나면서 나름대로의 새 삶을 꾸려가는 분들이 많았습니다.

이혼한 사람이라고 하여 세상으로부터 받는 비난, 냉대의 경험은 단지 상처나 피해 의식으로만 끝나지 않습니다. 시간이 흐르면서 그것은 새로운 성숙과 변화, 통찰의 계기들로 작용하기도 합니다.

"부모 형제, 친구, 다 원망스럽고 다시는 안 보려고 한 적도 있어요. 하지만 지금은 그들 역시 다른 사람들과 다를 바 없는, 그냥 세상 사람이라는 것을 이해하게 됐어요. 내 경험을 그 사람들이 같이 한 건 아니니까, 내 고통을 모를 수밖에 없죠. 이제는 그걸 알아요. 그들도 나름대로 힘들고 어쩔 줄 몰라했다는 걸. 내 상황이 워낙 힘들다 보니까, 그땐 그들을 볼 눈이 없었어요. 그런데 지금은 사람을 보는 시각, 느낌이 변했어요. 전엔 사람을 단편적으로 봤는데 지금은 이중적일 뿐만 아니라, 다중적이고 변화되는 존재라는 것을 알게 됐어요. 내가 그랬으니까. 인간의 오만가지 모습을 내가 다 겪었으니까. 이혼하고 얻은 게 있다면 아마 내가 타인들의 삶을 그만큼 더 이해하게 된 것일 거예요. 지금은 내가 내 삶 책임 있게 살아가니까 집안에서도 날 존중해줘요. 동생이 그러데요. 누나를 보면 자기가 부끄럽다고." 〈35세 이혼 여성〉

이혼을 통해 자신의 고통을 통해 타인을 이해하게 되고, 부모 역시 세상사람 중 하나일 뿐이라는 객관적 시각을 가짐으로써 그들을 이해하게 됩니다. 자신을 비난하는 사람들의 허약한 삶을 이해함으로써 더 이상 피해 의식만을 갖지 않게 됩니다. 그리고 이러한 성숙은 역으로 가족과 그 주위 사람들이 나를 이해하고, 나의 삶을 존중하게 하는 계기가 되기도 합니다. 이러한 타인에 대한 이해는 자신이 살아온 날들에 대한 객관적 성찰 속에서 비로소 가능했을 것입니다.

"여자로 살면서 적당히 무책임하고, 대충 어리광부리며 살아왔다는 것을 이혼을 통해 비로소 알았습니다. 난 내가 참 독립적인 줄 알았거든요. 그런데 그게 아니었어요. 그토록 의존적이고 자기를 모르는 인간인 줄은 몰랐어요. 남편을 죽도록 증오한 적이 있어요. 그런데 내가 건강해지면서 깨달았어요. 한때 사랑했던 사람이고, 서로 아끼고 살던 때가 있었잖아요? 그걸 마치 아무것도 없었던 양, 7년 동안 살아온 삶 전체가 오욕의 나날인 양 생각하기엔 내 삶이 그렇게까지 엉터리는 아니었다고 생각해요. 전에는 그 사람을 미워해야 내가 정당화됐으니까 더 열심히 미워했던 것 같아요. 미워하는 힘으로라도 버티고 살아야 했던 것도 같고……. 난 지금도 이혼을 앞두고 절망했던 생각을 하면, 세상에, 전 왜 그렇게 못났던 걸까요? 결혼이 끝나면 인생도 끝나는 줄 알았으니까요." 〈38세 이혼 여성〉

"이혼을 요구한 아내의 미음은 어떤 것이었을까. 견딜 수 없이 힘들었어요. 한동안은 술만 먹으며 지냈죠. 그러다 안 되겠다 싶어 마음에 대해 알려고 여기저기 상담도 받고 내적 치유 모임도 다녀오고 도서관에서 마음에 관한 책을 찾아 읽어가며 사람의 마음에 대해 조금씩 알아가려고 노력했어요. 어린애같이 행동하던 애들 엄마마음도요. 매일 지적만 했던 제 행동이 그 사람을 힘들게 했다는 걸이제는 이해하게 되었지만, 제가 감당할 수 있는 여자는 아니었다는 판단을 내리게 되면서 애들 엄마에 대해 조금은 편해졌습니다. 아들도 아들 나름대로 힘든 시간을 공부에 몰입하면서 버텼다고 해요. 열심히 공부하는 아들이 대견하고 고맙고, 아들이 꿈을 이룰 수있도록 아빠로서 열심히 일하고 있습니다." 〈43세, 이혼 남성〉

이처럼 이혼을 통해 자신과 타인에 대한 객관적 평가가 이루어집니다. 살아온 날들에 대한 통찰이 생깁니다. 결혼해서 살아왔던 날들을 무책임하게 부정해버리지 않게 됩니다. 억울하게 일방적으로 당한 것만은 아니라는 것도 알게 됩니다. 그러한 경험을 통해 성장한 자신을 발견하게 됩니다. 그것은 단순하고 쉬운 자기와의 타협이 아닐 것입니다. 자기 자신을 직시하기 위해 오랫동안 자신과 싸운 흔적이며, 욕심을 비운 사람의 자기와의 화해이기도 합니다. 그리고 그런 과정을 통해 삶에 대한 진정한 자신감이 싹트는 것입니다.

물론 이혼은 그 자체로서 무엇을 해결해주거나 선물해주지는 않을 것입니다. 인생의 그 어떤 것도 거저 얻어지는 것이 없듯이 이혼의 경험 또한 그러합니다. 그러나 여러분에게 이혼이라는 사건이 '지구를 한 바퀴쯤 돌려놓는 듯한' 엄청난 경험이었던 만큼, 여러분의 경험 속에는 이미 놀라운 변화의 힘이 잠재되어 있습니다. 고통스러운 경험은 상처와 좌절로 남기도 하지만, 때로 그것은 삶에 대한 새로운 통찰과 성숙해질 힘을 얻게 되는 계기가 되기도 합니다. 자기 성찰을 통해 자립에 의미를 부여하고, 사람들과 새로운 관계를 형성하기 위해 노력하고, 이전까지의 삶을 답습하려고 하지 않는 용감한 돌싱남·돌싱녀의 삶이야말로 이혼을 통해 무엇을 잃고 얻게 되는지 보여준다고 생각합니다.

나보고 사랑을 모르는 여자래요

연애, 인생에서 제일 필요해

사랑은 모두 변한다

돌싱, 연애의 고수로 거듭날 수 있다

남녀 사이를 지배하는 대화의 법칙 배우기

나는 어느 유형에 속하는가?

연애, 인생에서 제일 필요해

　사람이 가진 수많은 본능 중 하나는 바로 다른 사람에게 인정받고 사랑받고 싶어하는 욕구일 것입니다. 인정 욕구는 가장 기본적인 것으로, 이것이 제대로 충족되지 못할 때 사람들은 외롭고 공허한 느낌을 갖습니다. 우리가 겪게 되는 삶의 문제는 대부분 사랑의 결핍, 즉 애정결핍에 그 뿌리를 두고 있습니다. 우리가 끊임없이 사랑을 찾아 나서는 것도 바로 이런 이유 때문입니다. 누군가에게 사랑받고 있다는 느낌은 안정감을 제공함과 동시에 자기 자신을 가치 있는 인간으로 느끼게 합니다.

　우리의 어린 시절을 떠올려 봅시다. 혹은 자녀들의 어린 시절을 회상해 보는 것도 좋을 것입니다. 어린아이는 부모님의 사랑을 받기 위해 부단히 노력합니다. 야단을 맞으면 우울해 했고 칭찬을 받으면 기뻐했습니다. 아침저녁으로 뽀뽀를 주고받으며 "사랑한다"고 속삭이는 것만으로도 어린 우리들의 가슴은 터져 나갈 듯 행복했습니다.

장남 혹은 장녀와 차남 혹은 차녀의 유형이 나누어지는 것도 이와 연관 지어 생각할 수 있습니다. 첫 아이는 동생이 태어날 때 부모님의 사랑을 빼앗길까 봐 불안해 안 하던 투정을 하거나 더 자주 칭찬을 받기 위해 완벽한 아이가 되려고 노력합니다. 반대로 둘째들은 첫 아이에게 집중된 사랑과 관심을 자신의 것으로 만들기 위해 알아서 눈치가 늘고 애교를 부리는 등 더욱 사랑받기 위해 끊임없이 노력합니다. 이처럼 사람은 원래부터가 누군가로부터 사랑 받기 위해 노력하고 경쟁하는 존재입니다.

인간은 애초부터 혼자서 살도록 지어지지 않은 존재입니다. 인간은 사회적 동물이고 끊임없이 관계를 형성하며 살아갑니다. 어쩌면 사람이 하는 모든 일은 결국 사랑받고 싶다는 욕망에 기반한 것인지 모릅니다. 사회적으로 성공하고 싶은 것도, 더 아름다워지고 싶어하는 것도, 모두 다른 사람들로부터 인정받고 존경받고 사랑받고 싶기 때문일 것입니다.

연애는 따라서 가장 원초적인 욕망인 것입니다. 지금 사랑에 실패한 기억 때문에 사랑을 두려워하고 부정하고 밀어내고 있다면, 스스로에게 질문해볼 필요가 있습니다.

'사랑이 없다고 믿어서 더 행복해졌는가? 더 강해졌는가?'

저는 단연코 아니라고 대답할 수 있습니다. 사랑이 없는 삶은 그 자체로 공허하고 삭막하기 짝이 없습니다. 더 이상 연애에 시간과 돈을 낭비하기 싫다고 말하는 사람도 많이 봅니다만, 그렇다고 해서 그 사람이 자신의 삶을 더 아름답게 가꿔나가고 있다는 생각은 들지 않습니다. 사랑이 없는 삶은 불행합니다. 사랑이 없다고 믿는 것은 자신에게 불행한 삶 외의 대안은 없다고 믿는 것처럼 어리석은 짓입니다. 할 수만 있다면, 무덤에 들어가기 직전까지 연애를 하겠노라는 마음가짐이 오히려 더 아름답고 생동감이 넘칩니다.

다만 기억해야 할 것은, 누군가로부터 무한대의 사랑을 받기만을 원해서는 안 된다는 것입니다. 상대방도 나와 똑같이 사랑받고 싶어하는 욕구가 있다는 것을 잊지 말아야 합니다. 일방적인, 무조건적인 사랑을 요구하는 사람들을 보면 어린 시절 부모에게 충분한 사랑과 인정을 받지 못한 경우가 대부분입니다. 특히 한 번이라도 무리 안에서 소외감을 맛보았거나 인정받지 못하고 겉돌았던 경험이 있는 사람들은 더더욱 '완벽한' 사랑을 갈망합니다. 부모님에게서도 받아보지 못한, 희생적이고 조건 없는 사랑을 무한대로 받길 원하는 것입니다. 그리고 그 사랑이 조금이라도 소홀해졌다고 느끼면 그때부터 끊임없이 우울해하고 불안감을 느낍니다.

사랑은 누가 얼마만큼 하는가가 중요하지 않습니다. 사랑을 하고 있다는 그 사실 자체가 중요합니다. 상대방에게 내가 어떤 사람인지, 내가 얼마만큼 중요한 사람인지, 내가 얼마나 지대한 사랑을 받고 있는지 계산하기 시작하면 그때부터 사랑은 점점 미궁 속으로 빠지게 됩니다. 하루 종일 상대방의 전화를 기다리고, 내가 존재하지 않는 장소와 시간 속에서도 끊임없이 나만 생각하고 나만을 바라보기를 원하는 것은 어린아이가 엄마의 사랑을 독차지하기 위해 떼를 쓰는 것과 다를 바 없는 유아기적인 사랑입니다.

아름다운 사랑은 시간이 지날수록 성숙해집니다. 초반의 불꽃같은 격렬한 감정이 휩쓸고 지나간 자리에도 사랑은 존재합니다. 사랑은 고정적이지 않으며, 끊임없이 모습을 바꾸는 대신 그때그때 필요한 삶의 활력과 안정감을 다양한 형태로 제공합니다. 제대로 된 사랑은 나를 존재의 불안에 떨게 하지 않습니다. 보이지 않는 곳에서 더 높은 삶의 긍지로 나를 이끕니다. 나 자신은 물론 상대방 또한 어떤 형태로든 속박하지 않습니다. 다만 사랑에는 책임이 뒤따릅니다. 강박적이고 강제적인 책임이 아니라 자발적이고 의식과 마음을 더 높은 차원으로 고양시키는 책임입니다.

성경에 보면 "내 몸과 같이 이웃을 사랑하라"는 말이 있습니다. 아주 유명한 금언이지요. 종교를 떠나 이 말은 매우 중요하고 결정적인 어떤 진실을 알려주고 있다고 저는 생각합니다. "내 몸보다 더"도 아니고 "내 몸보다 덜"도 아닌, "내 몸과 같이" 사랑하라는 말에는 뼛속 깊이 새겨들어야 할 중요한 메시지가 포함되어 있습니다. 이웃, 즉 타인을 사랑하기 위해서는, 먼저 자기 자신을 제대로 사랑하는 법을 알아야 한다고 말하고 있는 것입니다. 나를 사랑할 줄 알아야 다른 사람도 사랑할 수 있으며, 나를 사랑할 줄 알아야 다른 사람의 사랑도 제대로 받을 수 있다는 것입니다.

　결국 행복한 사랑을 하기 위해 가장 중요한 것은 먼저 자기 자신을 사랑하는 마음이 필요하다는 사실인지도 모릅니다. 내가 먼저 나를 충분히 사랑해 주는 일이 필요한 것입니다. 먼저 자기 자신을 사랑합시다. 그리고 사랑받지 못할지 모른다는 두려움일랑 버리고, 세상과 사람을 마음껏 사랑합시다.

　평생 죽어가는 사람들과 함께한 어느 호스피스 봉사자가 말하기를, 죽음을 앞둔 이들이 가장 안타까워했던 점은 다름 아닌 ‘사랑을 아낌없이 주지 못한 삶’이었다고 합니다. 더 많이 “사랑한다”고 말하지 못한 것을, 더 많이 이해하고 용서하지 못한 것을 가장 한탄한다는 것이었습니다. 더 많이 갖고, 더 높이 오르고, 더 많이 사랑받기만을 바라고 있는 우리에게 많은 것을 일깨우는 말입니다.

　사랑하고 있다는 것 하나만으로도 그 에너지가 당신의 삶에 엄청나게 폭발적인 기운을 불어넣을 것입니다. 사랑이야말로 관계의 본질이며 행복의 근원이기 때문입니다. 사랑이야말로 바로 절망의 삶을 구원할 가장 효과적인 처방이자, 진정한 행복에 가닿는 가장 빠른 길일 것입니다.

사랑은 모두 변한다

"사랑이 어떻게 변하니?" 지금으로부터 10여 년 전, 당시 청춘스타였던 유지태와 이영애가 주연한 영화 「봄날은 간다」에 나왔던 대사입니다. 지금까지도 종종 회자가 될 만큼 크게 히트를 친 명대사이기도 합니다. 이 대사가 그처럼 많은 사람들의 심금을 울린 것은, 사랑의 영원불멸성을 믿었다가 배신당한 경험을 누구나 갖고 있기 때문일 것입니다. 내 맘 같지 않은 사랑 앞에서 무너질 듯 슬픈 얼굴을 한 남자주인공을 보며, 공감의 뜻으로 고개를 끄덕이는 한편 사랑에 대한 순진한 믿음을 안타깝게 여겼던 기억이 있습니다.

하지만 앞에서도 말씀드렸다시피 이 세상에 한결같은 사랑은 없습니다. 사랑은 '원래' 변하는 것입니다. 모든 사랑은 변합니다. 심지어 사랑 중 최고로 치는 부모님의 사랑도 변합니다.

자식이 어릴 때는 부모님이 씻기고 입히고 먹이고 재우는 모든 과정을 도와줍니다. 화장실에 가면 뒤를 닦아주고 잠자리에 들기 전에 양치질을 도와주며 잠들 때까지 책을 읽어주거나 가만가만 배를 쓰다듬어줍니다. 하지만 자식이 성장하고 난 뒤에도 '변하지 않는 사랑'이라는 미명하에 같은 방식의 돌봄을 고집한다면 과연 어떻게 될까요? 성인이 된 자식을 목욕시키고, 화장실에서 제대로 된 방식으로 용변을 보는지 확인하고, 갈아입을 옷을 모두 지정해주고, 입에 밥과 반찬을 떠 넣어 준다고 한번 상상해보십시오. 거의 공포스러울 정도로 엽기적이지 않습니까? 성인이 된 이후에도 어린 시절과 크게 달라지지 않은 부모의 사랑(?)은 누구에게나 고역스럽고 참기 힘든 간섭으로만 받아들여질 것입니다. 있을 수도 없는 일이고 있어서도 안 되는 일입니다.

이처럼 사랑은 상대방의 필요를 채워주는 방식으로 모습을 바꾸며 다음 단계로 끊임없이 성장합니다. 자식의 부모에 대한 사랑 또한 세월의 흐름에 따라 달라집니다. 어릴 때는 부모를 영웅시하며 무조건적으로 신뢰하고 의지했다면, 나이가 들어서는 부모의 인생을 보다 더 깊이 이해하게 되고 부모의 약함을 인정하고 지원해주는 방식으로 변하는 것입니다.

사랑은 변합니다. 그리고 변해야만 합니다. 사랑하는 사람을 떠올리기만 해도 배가 부르고 약에 취한 것처럼 기분이 몽롱해지는 상태가 10년이고 20년이고 지속된다고 생각해 보십시오. 아마도 사회 전체가 제대로 돌아가지 못하고 붕괴될지도 모릅니다. 사랑의 속성이 그러하다면 법적으로 사랑이 금지될지도 모르는 일입니다.

그러나 아직도 많은 사람들이 '영원불멸의 사랑'을 꿈꿉니다. 진짜 사랑은 굳건하여 변하지 않는다고 믿습니다. 1년 열두 달 상대방에게 변함없는 애정과 관심을 보이고, 잠시라도 상대방과 떨어지는 것을 견딜 수 없어 하고, 상대방을 위해 언제라도 기꺼이 목숨을 내놓을 상태, 상대방의 모든 것을 이해하고 용납하고 받아들이는 상태가 '영원히' 지속되는 것을 이상적으로 여기는 것입니다. 내심이성으로는 불가능하다고 생각하면서도 쉬이 버리지 못하고 있는 사랑에 대한 환상입니다. 따지고 보면, 변하지 않는 사랑의 감정이라는 것은 병적인 심리상태에 오히려 가까운데 말입니다.

세계적인 성공학자들의 대다수가 "사랑한다는 말은 무한한 가능성으로 통하는 문을 여는 주문과도 같다"고 말하고 있습니다. 사랑이야말로 삶의 모든 문제를 해결할 열쇠이자, 진정한 성공자가 되는 방법이라고 입을 모아 강조합니다. 그래서 어떤 소설가는 "세상에서 가장 힘세고 건강하고 행복한 사람이 되는 길은 바로 사랑하는 것"이라는 말도 남겼습니다.

물론 여기에서 말하는 사랑은 변하는 사랑, 성장하는 사랑일 것입니다. 그리고 이러한 사랑은 저절로 이루어지는 것이 아니라 끊임없는 배움과 노력으로 완성되어갑니다.

자녀를 사랑하는 부모가 아이의 가장 필요로 하는 곳을 채워주기 위해 계속해서 고민하고 공부하는 것처럼, 그에 따라 때로는 보호자, 조력자, 친구, 스승의 모습을 취하는 것처럼 말입니다.

그렇다면 남녀 간의 사랑을 오래 지속시키기 위해서, 우리는 어떤 공부를 해야 하는 것일까요?

미국의 어느 결혼 상담가가 불화를 겪는 부부들과 상담을 진행하면서 그들의 불평불만을 주로 다섯 가지 범주로 분류할 수 있다는 것을 발견했다고 합니다. 그는 여기에 '다섯 가지 사랑의 언어'라고 이름붙이고 다음과 같이 설명했습니다.

"같은 나라에 산다고 해서 모두가 같은 표준어를 쓰는 것은 아닙니다. 자신이 나고 자란 고장에 따라 사투리를 쓰면서 자라고, 누구나 자기 고장의 사투리를 가장 편하게 여기고 미묘한 뉘앙스까지 정확하게 이해합니다. 사랑도 마찬가지입니다. 사람마다 주로 쓰는 사랑의 언어가 있습니다. 저는 남편과 아내가 같은 사랑의 언어를 쓰는 경우가 드물다는 사실을 깨달았습니다. 그리고 서로 따로 쓰는 사랑의 언어를 통일했을 때, 부부관계가 놀라우리만큼 향상되는 것을 발견했습니다."

그 상담가가 분류한 사랑의 다섯 가지 언어는 대략 다음과 같았습니다. 상대방이 이중 어느 것에 더 정서적으로 깊이 반응하는지 관찰해보고, 상대방이 이해하는 사랑의 언어로 두 사람의 사랑을 한 차원 높은, 더 오래 지속되고 서로를 발전시키는 단계로 이끌어봅시다.

1. 어떤 사람은 칭찬하는 말에 사랑을 느낍니다.

"날 위해 요리해줘서 고마워요. 정말 맛있어요." "새로 바뀐 헤어스타일 근사한데요? 당신한테 잘 어울려요." "당신은 웃는 모습이 참 멋져요." "당신이라면 해낼 줄 알았어요." 등등의 칭찬이 관계를 더 깊게 결속시킵니다. 상대방의 존중할 만한 면이나 감사할 일을 반드시 말로 표현하십시오.

칭찬은 또한 인정의 표현이기도 합니다. 상대방에게 '나는 값어치 있는 사람'이라는 기쁨과 긍정의 기운을 불어넣어 줍니다. 칭찬은 고래는 물론 사랑을 춤추게 하는 마법의 언어입니다.

2. 어떤 사람은 말보다는 행동이 중요하다고 느낍니다.

'허구한 날 사랑한다는 말만 하면 다야?' 하고 생각하는 유형의 사람들도 있습니다. 이런 사람과 사랑을 지속시키는 비결은 그들이 해주기를 바라는 일을 찾아내고 꾸준히 하는 것입니다. 집안일 돕기, 아이 돌보기, 함께 쇼핑하기, 도시락 싸주기 등등, 그 사람을 기쁘게 하는 행동으로 사랑을 표현합시다.

3. 어떤 사람은 선물을 받을 때 사랑받고 있음을 느낍니다.

말이나 행동보다는 마음에 드는 선물을 받을 때 '이 사람이 나를 정말 생각하고 있구나' 하고 느끼는 유형입니다. 물론 선물은 상대방이 좋아할 만한 것이어야 합니다. 그러기 위해서는 우선 상대방의 관심사가 무엇인지 주의 깊게 관찰해보아야 하겠지요. 결국 이런 유형은 선물을 통해 자신이 관심받고 있고 사랑받고 있음을 확인하는 것입니다. 선물은 반드시 비쌀 필요는 없습니다. 장미 한 송이, 손으로 쓴 엽서, 한 권의 책 등으로 깊은 사랑을 표현할 수 있습니다.

4. 어떤 사람은 함께하는 시간을 무엇보다 중요하게 여깁니다.

이는 상대방으로부터 집중적인 관심을 받는 시간을 의미합니다. 텔레비전을 보면서 같은 소파에 앉아 있기만 하는 것은 이 경우에 해당되지 않습니다. 운동을 하기 위해서 같이 조깅을 하는 것이 아니라, 함께 있고 싶어서 산책하는 것, 허기를 채우기 위해 함께 식사를 하는 것이 아니라, 상대방과 얼굴을 마주하고 대화를 나누며 식사를 하는 것입니다. 함께 여행을 가든 영화를 보러 가든 궁극적인 목적은 '시간을 함께하기 위해서'가 되어야 합니다.

5. 어떤 사람은 스킨십에서 사랑을 느낍니다.

스킨십의 힘은 이미 많은 매체를 통해 꾸준히 소개되고 있습니다. 오랫동안 스킨십을 받지 않은 아기보다 껴안거나 어루만지는 손길을 많이 받은 아기들이 정서적으로 더 안정되고 심지어 더 건강하다는 연구 결과가 대표적입니다. 더구나 무엇보다 스킨십에서 사랑 받고 있다고 느끼는 유형에게는 손잡기, 포옹하기가 일상 속에서 자주 이루어질수록 충만한 사랑을 느낍니다. 또한 성적인 관계의 질과 횟수도 매우 중요하게 생각합니다. 함께 뜨거운 밤을 보내지 않는다면 사랑이 식었다고 의심하게 되는 유형입니다.

내가, 또 상대방이 어떤 사랑의 언어를 주로 사용하고 있는지는 자주 반복하는 행동을 관찰하면 알 수 있습니다. 사람들에게 자주 칭찬의 말을 건네는지, 대화를 할 때 등을 두드리거나 어깨를 치는 등의 스킨십이 많은지, 아기자기한 선물을 하는 것을 즐거워하는지, 함께 무언가를 하는 것을 계획하고 실행하는지를 관찰하십시오. 자신이 자주 하는 행동이 또한 받고 싶어 하는 사랑의 언어일 가능성이 높습니다.

그리고 서로 상대방이 듣고 싶어하는 사랑의 언어를 자주 건넬 때, 두 사람의 사랑은 시간이 지날수록 더욱 값어치를 더하는 아름다움으로 빛나게 될 것입니다.

돌싱, 연애의 고수로 거듭날 수 있다

　새롭게 사람을 만나 사랑을 시작하기로 마음먹었다면, 먼저 이것이 나 자신이 진실로 원해서 내린 결정인지 주변의 권고나 요구 때문인지를 구별해야 합니다. 그리고 스스로 원해서 결정한 일이라는 확신이 든다면, 앞으로 벌어지는 과정과 문제는 모두 스스로 책임지겠다는 결심이 필요합니다. 마음속에서 일어날 무수한 모순의 감정을 이해하고 당당하게 해결해 나갈 준비를 해야 하는 것입니다.

　새롭게 시작되는 연애가 짜릿한 흥분과 활력을 주겠지만 한편으로는 상대방에게 모든 짐을 맡기고 의존하고픈 마음과 또다시 실망하거나 버림받을지 모른다는 두려움이 공존할 수 있습니다.

　새로운 이성과 가까워지고 싶고 소유하고 싶으면서도 상대방에게 깊숙이 얽매이는 것은 두려운 감정, 상대방을 신뢰하면서도 완전히 믿기 어려운 감정 등등 모순되는 감정이 끊임없이 서로 교차하게 됩니다.

　먼저 자기 자신의 신체에 자신감을 가집시다. 대부분의 사람들은 모두 한두 가지 이상의 신체적 열등감을 가지고 있습니다. 얼굴이 너무 크다, 살이 쪘다, 털이 많다, 키가 작다 등등 스스로의 몸에 내리는 판단은 가혹하기만 합니다. 하지만 불만을 갖는 것과는 별개로 자기 몸에 자신감을 가져야 합니다. "내가 키는 좀 작아도 얼굴이 잘생겼지", "난 얼굴은 별로지만 몸매가 좋아", "평범하게 생겼지만 볼수록 정감 가는 얼굴이라고" 등등 자신이 지닌 장점을 극대화시켜 부각시켜서라도 자기 몸을 사랑하는 게 중요합니다. 미디어에 나오는 모델이나 연예인의 모습을 기준으로 삼지 마십시오. 신체적 조건으로 자신의 값어치가 결정되는 사람들과 비교하는 것은 자신을 지나치게 부정적으로 보거나 왜곡하게 만들기 쉽습니다. 매력은 신체의 완벽함에서 나오는 것이 아닙니다. 매력은 성격, 지성, 건강한 정신 등 복합적인 요인에서 나옵니다.

내 몸을 사랑하고 자신감을 갖기 위해서는 자신을 위한 투자 또한 아끼지 말아야 합니다. 외모를 가꾸기 위한 노력을 전혀 하지 않으면서 사람들이 자신의 매력을 몰라준다고 불평하는 것은 이치에 맞지 않습니다. 지금 당장 미용실에 전화를 걸어 예약하고 공원에 나가 뜀박질도 하고 네일숍과 쇼핑몰에 가십시오. 헤어스타일만 바뀌어도 사람이 달라 보이고 자신에게 어울리는 옷을 입었을 때 내면의 자신감도 폭발합니다. 그리고 지금부터라도 매일 신문을 읽고 뉴스기사를 관심 있게 들읍시다. 뉴스를 보다가 흥미로운 소식을 접했다면 관련 서적을 통해 더 깊이 있는 지식을 쌓읍시다. 한 달도 안 돼 당신은 화젯거리가 무궁무진한 사람, 함께 대화할 때 즐거운 사람이 되어 있을 것입니다.

*

　연애는 언제나 처음에는 부담 없는 데이트로 시작합니다. 함께 차를 마시고 식사를 즐기며 서로에 대해 조심스럽게 알아가는 과정입니다. 만약 어느 한쪽이 이성으로서의 관심을 보이지 않는다면 데이트는 더 이상 다음 단계로 나아가지 못하고 몇 차례만에 끝나고 말 것입니다. 하지만 시간이 지날수록 서로에게 흥미가 생기고 함께 있는 시간이 더없이 즐겁다면 서로에게 사랑에 빠진 것이 아닌가 하고 생각하기 시작합니다. 부담 없는 데이트에서 열정적인 데이트로 바뀌는 것입니다.

　이 열정적인 데이트 단계에서 비로소 두 사람은 서로 '사귄다' 는 관계로 발전합니다. 서로를 알게 된 지 얼마 되지 않았지만 막연하게나마 두 사람의 미래를 상상해 보기도 합니다. 그리고 함께 데이트하는 시간을 통해서 상대방이 결혼상대로 적합한지 아닌지 가늠해보게 됩니다. 물론 사귀는 사이라고 해서 모두가 결혼을 하게 되는 것은 아닙니다. 하지만 데이트 단계에서부터 여러 가지를 꼼꼼하게 체크해 보는 것이 '상대방과 결혼할지 말지' 를 보다 지혜롭게 결정하도록 도와줄 것입니다. 그럼 데이트를 통해 상대방에 대해 꼭 알아두어야 할 것들은 무엇이 있을까요? 어떤 데이트가 성공적인 결혼으로 이어지게 될까요?

건강하고 성공적인 데이트는 서로를 정확히 알아가는 데 초점을 맞춥니다. 서로에게 잘 보이기 위해 포장하고 감추던 것을 멈추고, 되도록 솔직하게 자신이 어떤 사람인지 드러내고 대화를 통해 서로에 대한 이해를 높여 가야 합니다. 이혼의 경험 또한 솔직담백하게 나누게 됩니다. 지난 결혼생활은 어땠는지, 지나간 시간을 통해 배운 것은 무엇인지 허심탄회하게 서로 나누는 시간을 가집시다. 특히 경제적 문제나 성에 대한 자신의 생각, 취향을 솔직하게 밝혀야 합니다. 이 두 가지는 결혼생활에서 가장 많은 다툼을 유발하는 문제이기 때문입니다. 당장 상대방에 잘 보이고 싶어서, 약점을 들키는 일이 부끄러워서, 차마 입이 안 떨어져서 사실을 감추거나 거짓말로 둘러댄다면 당장은 관계가 유지될지 몰라도 결국은 서로에게 크게 상처를 입히며 깨질 수밖에 없습니다. 건강한 관계는 기만과 술수가 아니라 오직 진실 위에 세워진다는 것을 꼭 기억합시다.

데이트를 하는 동안 서로의 가족에 대해서 파악하는 데도 무리가 없어야 합니다. 부모님의 사이는 어떠한가? 부모님과의 관계는 어떠한가? 형제자매는 어떻게 되고, 그들과의 사이는 어떠한지? 이미 경험했다시피, 결혼은 혼자 하는 것이 아니라 두 사람만의 세계가 만나서 화합하는 과정이기 때문입니다. 상대방의 가족을 어느 정도 파악하는 것이 성공적인 결혼을 가늠하는 데 도움이 됩니다.

데이트 상대자가 나의 꿈과 목표를 지지하는지도 꼭 체크해야 할 부분입니다. 특히 서로의 직업과 사회적 성취욕을 존중해준다면 미래를 함께 할 파트너로 고려해볼 만합니다.

"결혼하면 일을 그만두고 집에서 살림에 전념해줬으면 해요. 애들한테는 뭐니 뭐니 해도 엄마가 필요하니까요."

상대방의 의사는 물어보지도 않고 다짜고짜 이렇게 말한다면 그 사람은 결혼할 준비가 아직 되지 않은 것입니다. 자기중심적인 태도는 성숙한 관계에 걸림돌이 될 뿐입니다. 당신이 '이미' 경험했다시피요.

사람은 실로 복잡한 존재이고 다양한 면을 가지고 있습니다. 하지만 대략 다음의 다섯 가지가 서로 맞는다면 무난하게 서로 화합할 수 있는 최소한의 조건이 충족되었다고 보아도 좋습니다. 그 다섯 가지 영역은 지적인면, 정서, 사회성, 성적인 면, 영적인 면으로 나누어집니다.

지적인 면은 우리의 생각과 바람과 견해에 관한 것입니다. 신문이나 잡지 기사에 대해 사이좋게 의견을 나눌 수 있을까? 같은 책을 읽고 토론할 수 있을까? 정치나 사회의 문제에 대한 대화가 서로를 성장시켜주는가, 아니면 서로를 비판하는 방향으로 나아가는가? 무엇보다 중요한 것은 서로의 의견차가 있을 시에도 서로의 주장을 인정하며 서로 다른 주장을 한다고 해서 불쾌해하지 않아야 한다는 점입니다.

정서의 면은 어떤 일에 대한 정서적인 반응에 대한 것입니다. 어떤 사람은 길가에 핀 꽃이나 가로수에서 들려오는 새소리에 감탄하고 저녁노을을 보며 감상에 젖어 눈물을 흘리기도 합니다. 하지만 어떤 사람은 슬픈 영화를 봐도 냉담하며 사소한 것에 일일이 감정적으로 반응하는 것을 유치하다고 생각합니다. 같은 사건을 두고 정서의 차이가 너무 크다면 결혼의 상대자로 재고해보아야 할 것입니다.

사회성 면은 바로 사교의 문제입니다. 어떤 사람은 금요일 밤마다 친구를 만나 수다를 떠는 것을 즐기고 틈만 나면 야외활동을 해야 직성이 풀리는데 반해 어떤 사람은 쉬는 시간을 집에서 조용히 보내고 싶어 합니다. 또 어떤 사람은 야구장에 가서 구경하는 것을 즐기지만 어떤 사람은 한 자리에 가만히 앉아 있는 것을 견디기 힘들어합니다. 데이트를 통해 사교 스타일이 서로 잘 맞는지 확인해볼 수 있습니다.

성적인 면은 섹스와 관련된 문제입니다. 데이트의 시작 자체가 서로 성적으로 끌리기 때문에 비롯되는 경우가 많습니다. 또 키스나 포옹과 같은 신체적인 접촉은 데이트하는 기간이 길어질수록 필수 코스로 자리 잡히기 마련입니다. 틈만 나면 섹스를 하려는 사람과 신체적 접촉은 키스 정도로 만족하는 사람 사이에는 갈등이 일어날 수밖에 없습니다.

누구나 아는 것이겠지만 남녀는 성적 반응이 다릅니다. 남자는 여자보다 쉽게 흥분하고 절정도 빠르게 오는 반면 여자는 오르가즘을 경험하는 경우가 전체의 30%밖에 되지 않다고 합니다. 이런 남녀간의 차이를 무시하면 성적 트러블은 생길 수밖에 없습니다.

예전 배우자와 사이에서 성적 불만이 있었던 사람은 이혼 후 다른 이성과의 교제 시 같은 문제가 발생할지도 모른다는 생각에 심적 부담을 크게 느낄 수 있습니다. 이러한 불안과 두려움이 다시 성적으로 위축시키는 악순환의 고리를 만들어낼 수 있습니다. 일단은 오르가즘에 너무 집착하지 않는 편이 좋습니다. 첫 시도에서는 별로였다가도 시간이 흐를수록 좋아지는 경우도 많습니다. 사랑하는 사람과 몸을 맞대고 있는 것만으로도 정서적·신체적 힐링이 이루어지니까요. 무엇보다 중요한 것은 상대방에게 자신의 감정이나 요구를 적절하게 표현하는 센스입니다. 이성과 육체적 관계를 갖는 단계까지 발전했다면 서로 즐거움을 느끼도록 노력하는 한편 주도권을 잡으려고 경쟁하지 않아야 합니다. 서로 간의 믿음과 신뢰야말로 서로 만족을 느끼게 하는 지름길입니다.

영적인 면은 종교와 밀접합니다. 종교가 서로 다른 사람들끼리도 얼마든지 사랑에 빠질 수 있지만 대개는 시간이 흐를수록 심각한 갈등을 겪기 마련입니다. 종교가 같거나, 혹은 종교를 상대방과 같은 것으로 바꿀 의향이 있거나, 같은 무교인 편이 원활하고 지속적인 관계를 위해 좋습니다. 또 똑같이 종교가 없다고 하더라도 한쪽은 무속신앙에 관심이 많고 한쪽은 사주나 미신을 일체 혐오한다면 이 또한 갈등이 생길 여지가 있습니다. 영적인 면이 잘 맞는지도 필히 체크해야 할 부분입니다.

　이처럼 데이트 과정에서 다섯 가지만 확실하게 체크해도 성공적인 관계를 지속해나가는 데 큰 무리가 없을 것입니다. 이 다섯 가지는 사랑의 이름만으로는 극복하기 힘든 간극이므로, 차이가 있다면 반드시 관계를 재고해보고 합의점을 찾기 위해 미리부터 노력해야할 것입니다. '사랑하니까 그냥 넘어가는' 실수는 두 번 다시 하지 맙시다.

남녀 사이를 지배하는 대화의 법칙 배우기

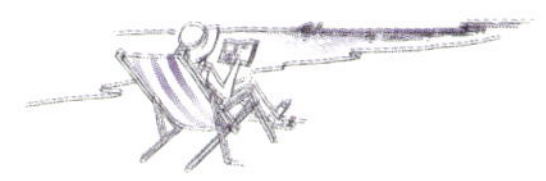

「화성에서 온 남자 금성에서 온 여자」라는 화제의 책이 있습니다. 남자와 여자는 다른 별에서 온 것처럼 사고방식이 다르다는 것을 설파한 책으로 오랫동안 베스트셀러였지요. 정말로 남자와 여자는 각자 다른 별에서 온 존재라 서로를 이해할 수 없는 것일까요?

남녀의 차이를 한 마디로 말한다면 무엇일까요? 남자는 공격적이고 여자는 상냥하다? 남자는 바람기가 있고 여자는 정조를 중요하게 여긴다? 남자는 말이 없고 여자는 수다쟁이다? 사람에 따라서 남녀의 차이에 대한 인상은 매우 다양합니다. 이러한 차이는 어떤 점에서는 정확하다고 할 수도 있고 또 어떤 면에서는 편견에 불과하다고 말할 수 있습니다.

분명한 것은 남자와 여자는 뇌구조 자체가 다르다는 것입니다. 언어에 관한 신경세포의 밀도도 다르고, 평균 무게도 다릅니다. 또 남자와 여자는 같은 일을 해도 뇌 속에서 활성화되는 장소가 다르다고 합니다. 같은 결과에 이른다 하더라도 남자와 여자의 뇌는 서로 다른 방식으로 정보를 처리하는 것이죠.

신체적인 차이도 큽니다. 남성은 먼 거리에 있는 것은 잘 보지만 오히려 옆에 있는 것은 잘 보지 못하는 경향이 있습니다. 반대로 여성은 시야가 넓어 근처의 사물을 잘 보는 대신 멀리 보는 것은 어렵습니다.

남녀는 관심사에도 차이가 있습니다. 여성은 외모, 인간관계, 성격, 타인의 행동, 연애 등에 관심이 많지만 남성은 스포츠, 일, 기계의 매커니즘, 자동차, 비행기, 산, 바다 등 사물과 자연에 관심이 많습니다.

남녀의 차이는 이처럼 다양합니다. 이렇게 '생긴 것부터 다른' 남녀가 행복하고 오래가는 연애를 하기 위해서는 많은 지혜와 노력이 필요할 수밖에 없습니다. 마치 시험을 잘 보기 위해 공부를 하고 그 결과 원하는 대학에 들어가거나 승진을 하듯이 말입니다.

남녀 사이에 가장 빈번하게, 그리고 가장 심각하게 갈등을 일으키는 일반적인 문제는 바로 '대화'입니다. '서로 대화가 통하지 않는' 남녀의 문제 또한 뇌구조와 관련이 깊습니다. 일례로 대부분의 남성은 여성들이 빙빙 돌려서 말하거나 수다스럽게 떠드는 것을 매우 힘들어합니다. 반면 여성에게는 수다를 떠는 일이 즐겁기만 합니다. 이유는 뇌의 측두엽에 있는 언어저장고가 여성의 것이 남성보다 더 크기 때문입니다. 보통 여성은 하루에 6000~8000개의 단어를 사용합니다. 여기에 얼굴 표정이나 제스처 같은 신체언어까지 포함하면 약 2만 개 정도의 언어를 사용하는 셈입니다. 반면 남성은 하루에 4000개의 단어를 말하며 신체언어를 포함해도 7000개 남짓에 불과합니다. 그러니 남자가 자신의 할당 언어를 다 사용한다고 해도 여자에게는 '과묵한 남자'로 느껴질 수밖에 없습니다.

그러니 여성분들은 상대 남자가 말이 없다고 해서 답답해할 일이 아닙니다. 또 남성분들도 상대 여성이 대화를 원할 때 인내심을 가지고 들어주는 습관을 들여야 합니다. 자신의 의견을 상대방에게 전달하는 게 주목적인 남성과 달리, 여성은 대화 자체를 즐기며, 내 기분을 상대방과 함께 나누고 공감을 얻기 위해 이야기를 하기 때문입니다. 여성들에게 수다 금지령을 내린다면 우울증 환자가 다량으로 발생할지도 모를 일입니다. 행복한 관계를 원한다면 남성분들은 길어지는 여성의 수다에 "그래서 결론이 뭔데?" 하며 서둘러 맥을 끊어서는 안 될 것입니다. 여성 또한 남성이 대화에 건성으로 참여한다는 기분이 들 때, 짜증을 내기보다 부드럽게 남성의 관심을 돌리도록 노력해야 할 것입니다.

남녀간의 대화 차이는 단순히 언어 사용량에서만 나타나는 것은 아닙니다. 대화를 나누는 동기도 서로 다릅니다. 남자는 '용건이 있을 때만 말하는 습성'이 있습니다. 여자가 전화를 걸었을 때 많은 남자들이 제일 먼저 "왜?"라고 묻는 것도 이러한 이유에서입니다. 그러니 여성분들도 여기에 "꼭 용건이 있어야만 전화를 해?"라며 섭섭함을 토로할 필요가 없습니다. 그것은 당신의 남자만 그런 것도 아니고, 남자가 당신의 전화를 귀찮아하는 것도 아니기 때문입니다.

또한 남성은 여성과 달리 한 번에 하나의 일밖에 할 수 없으므로, 즉 신문을 보거나 TV를 보면서 대화할 수 있는 능력이 남성에게는 없으므로, 서로 대화가 필요하다면 주위의 방해물들을 최소화한 상태에서 마주앉아 이야기를 나누어야 불필요한 갈등이 생기지 않을 것입니다.

"잠깐만요. 남자들이 수다를 싫어한다고요? 남자들도 군대 얘기만 나오면 열변을 토하며 몇 시간씩 수다를 떨던걸요? 축구나 야구 이야기로도 밤새도록 대화하고요."

맞습니다. 남자들도 때로는 수다쟁이가 됩니다. 하지만 가만히 보면 여자와 남자가 수다를 즐기는 방식은 사뭇 다릅니다. 여성의 경우 수다를 '떨면서' 상대방에게 친밀감을 느끼지만, 남성의 경우 친밀감을 느낀 상대하고 수다를 떱니다. 그럼 남성은 어떤 경우에 상대방에게 친밀감을 느끼는 것일까요?

연구 결과 남자는 어떤 행동을 같이할 때, 즉 군대생활, 스포츠 활동, 게임, 목욕, 식사, 음주 등을 함께한 사람들에게 친밀감을 느낀다고 합니다. 남자들의 이런 특성은 성의식으로도 이어집니다. 여성분들이 오해하는 것 중 하나가 남자에게는 오로지 섹스만이 목적이라는 것입니다. 물론 상대방을 단순히 섹스 파트너 정도로 생각했다면 이것도 맞는 말입니다. 하지만 진정으로 사랑하는 사람과의 관계에 있어서는 전혀 다릅니다. 남자는 섹스를 한 후에야 상대방을 '내 여자'로 인식하게 됩니다. 상대방과 함께 한 행동(섹스)으로 인해 더욱더 친밀감을 느끼게 되는 것입니다. 섹스리스 부부가 이혼율이 높은 이유도 이와 관련지어 생각하면 이해가 쉽습니다.

사랑하는 사람과 육체적 관계를 맺음으로써 사랑이 더 공고해지는 남성과 달리, 여성은 상대방의 사랑을 믿어 의심치 않을 때만 즐겁게 몸을 엽니다. 그리고 그 사랑을 확인하는 중요한 과정이 바로 '대화'인 것입니다. 수다 혹은 대화를 통해 여성은 상대방이 자신과 감정을 공유할 수 있는 사람인지 아닌지를 파악합니다. 여자들이 '사랑 없이 어떻게 섹스가 가능하냐'고 말하는 것도 바로 이러한 특성 때문입니다. 감정을 공유하지 못한 사람과는 대화조차 잘하지 않는데 섹스를 한다는 것은 상상도 할 수 없는 일이지요.

남녀의 성적 관계에 있어서 이런 점을 남성분들은 잘 알고 있어야 합니다. 여러분 모두 아시다시피, 부부가 이혼하는 이유 중 상당수가 바로 섹스 트러블입니다. 그중 아내들이 토로하는 가장 많은 불만이 남편의 일방적인 섹스입니다. 여성은 '목적'이 중요한 남성과 달리 삽입 그 자체보다는 섹스의 과정에 더 흥분합니다. 로맨틱한 분위기와 다정한 대화, 전희와 후희에 집착하는 것도 이 때문입니다. 물론 많은 남성들이 여성의 이러한 특성을 잘 알고 있습니다. 그렇기에 연애 초기나 신혼 초에 여성을 만족시키기 위해 상당한 시간을 들여 분위기를 만들고 애무에 공을 들이는 것이지요. 하지만 삽입 이전의 행위는 그저 '봉사' 라고 생각하는 남성분들이 많습니다. 그러다 보니 갈수록 여성을 위한 시간은 점점 짧아지고 결국에는 일방적인 섹스가 진행되는 것입니다.

남성분들은 섹스가 일방적인 행위가 아니라 함께하는 행위가 되도록 하기 위해 충분히 감정을 교류하도록 노력해야 합니다. 여성분들은 섹스에 대한 잘못된 터부를 버리고 서로의 사랑을 믿고 신뢰하며 적극적으로 육체적 관계가 주는 즐거움을 누리도록 노력해야 합니다.

섹스는 몸으로 나누는 대화입니다. 남녀 간의 대화의 방식, 목적에 차이가 있듯이 섹스도 그러하지만, 서로의 사랑을 아름답게 유지하고 싶다면 이 언어적, 육체적 대화의 다름을 이해하고 끊임없이 노력해야 할 것입니다.

나는 어느 유형에 속하는가?

술집 벽에서 가장 많이 보는 낙서 중 하나는 아마 '누구와 누구, 변치 말고 영원히'와 같은 영원한 사랑의 맹세(혹은 확신)일 것입니다. 그런 낙서를 볼 때마다 머릿속에 자연히 드는 생각이 있습니다. '저 사람들은 과연 지금도 서로 사랑하고 있을까? -30 나중에 저 낙서를 보며 머쓱해하지 않을까?' 짐작컨대, 아마 벽에 이름을 남긴 사람 중에 헤어지지 않은 커플은 채 10%도 되지 않을 겁니다.

우리는 끊임없이 사랑을 꿈꾸며, 사랑이 이루어지지 않는 것을 안타까워합니다. 목숨을 내놓아도 아깝지 않게 사랑했던 사람이 어느 순간 철천지원수로 변하는 경험도 수없이 합니다. 사랑이 한 번 실패할 때마다 우리는 부르짖습니다. '대체 나의 진정한 짝은 어디에 있는 것인가?' 하고 말입니다.

어쩌면 사람을 판단하는 기준이 지나치게 까다로운 것인지도 모릅니다. 사랑을 하기에는 눈이 높아도 너무 높은 것입니다. 외모도 괜찮아야 하고 스펙도 좋아야 하며 성격도 괜찮아야 합니다. 하지만 이 세상에는 그렇게 완벽한 조건을 갖춘 사람은 드뭅니다. 설령 그런 사람이 있다고 하더라도 '나'와 연결되기는 더욱 힘듭니다. 나부터가 외모도, 스펙도, 직업도, 집안도, 능력도, 성격도 완벽하지가 않기 때문입니다. 자기 자신도 완벽하고 완전하지 못하면서 상대방에게는 그런 엄격한 잣대를 들이대봤자 실망만 늘 뿐입니다.

내게 맞는 상대를 만나려면, 그리고 아름다운 관계를 만들어가려면, 먼저 내가 진실로 원하는 것이 무엇인지 명확하게 파악해야 합니다. 그리고 '나' 라는 사람이 어떤 사람인지 정확하게 알아야 합니다. 사실 자신이 어떤 성격인지, 그리고 어떤 성향인지 파악하는 것은 쉬운 일이 아닙니다. 비교적 정확하다는 사상의학 체질만 봐도 그렇습니다. 체질별 설명을 읽다 보면 여기에도 속하고 저기에도 속하는 것처럼 생각됩니다. 연초에 토정비결을 보아도 그렇습니다. 신통방통하다는 사주가의 말을 들어봐도 이 부분은 맞고 저 부분은 틀린 것 같습니다. 나와 가까운 지인이 나에 대해 설명할 때 한번쯤은 '어, 나 그런 사람 아닌데!' 하고 생각한 적이 있을 것입니다. 대체 나는, 어떤 사람인 것일까요?

내가 어떤 사람인지 아는 가장 좋은 방법은 바로 삶에 있어서 내가 가장 중요하게 생각하는 것이 무엇인지 아는 것입니다. 다음의 다섯 가지 유형 중에 자신이 어디에 속하는지 가늠해 봅시다.

관계가 중요한 사람, 휴머니스트

말 그대로 다른 사람과의 관계를 중요하게 여기는 사람입니다. 흔히들 '오지랖이 넓다'고 하는 사람들이 이 유형에 속합니다. 낙천적이고 사교적이며 외향적이라 주변에 늘 사람이 바글거립니다. 동창회장, 부녀회장 등은 모두 이들의 몫입니다. 표현력과 순발력이 뛰어나 다른 사람의 호감을 쉽게 사며, 내게 이득이 될 게 하등 없는 일이라도 '저들이 나를 필요로 한다' 싶으면 달려갑니다. 이들에게는 사람과의 관계가 곧 힘입니다.

많은 사람들과 어울리는 것과 의리를 중시하는 탓에 때로는 자유분방하고 충동적으로 보이기도 합니다. 사람들과 잘 어울리는 한편 개개인의 복잡 미묘한 감정을 파악하는 데는 서툰 면이 있습니다. 정교하고 반복적인 일에 경기를 일으키는 것도 이들 유형의 특징입니다. 자신의 문제가 무엇인지 꼼꼼하게 분석하고 판단하는 일에 서툴기 때문에 곤란한 일이 닥쳤을 때 갑자기 시무룩해져서 혼자 있으려고 합니다.

남성의 경우 외부의 사람들을 챙기느라 오히려 가족에게는 소홀한 경우가 많습니다. 여성의 경우 남편이나 시댁과의 관계를 중시하기 때문에, 의외의 마음고생을 하게 되는 경우가 많습니다. 하지만 이들은 주위 상황에 맞추어 자신의 삶을 적극적으로 맞추는 능력이 탁월합니다. 진짜 문제가 무엇인지 깨달을 경우 누구보다 극적으로 생활방식을 바꿀 수 있는 유형입니다.

낭만이 중요한 사람, 로맨티스트

무엇보다 자신의 감정이 가장 중요한 유형입니다. 자신의 다채로운 감정을 끊임없이 발산하고 타인과 그 감정을 공유하면서 자신의 존재 의의를 느낍니다. 세심하고 겸손하지만 의외로 비사교적입니다. 이들이 가진 가장 큰 특징은 자신의 감정을 가능한 한 억누르려고 한다는 점입니다. 결코 목소리를 높여 자기주장을 하지 않습니다. 마음속으로는 다양한 색깔의 감정이 끓어오르지만 언제나 기본적인 원칙을 지키려 하기 때문에 반듯해 보입니다.

연애 경험도 없으면서 친구들의 연애 상담을 도맡아주는 타입입니다. 아름다움이나 명성, 경제적 부를 성취하기 위해 아낌없이 노력하는 등 항상 완벽을 추구합니다. 결혼에 대한 비현실적인 판타지를 가지고 있으며, 외면과 내면 모두 완벽한 조건의 배우자를 기대합니다. "그냥 평범한 사람이면 돼요"라고 말하면서도 실은 눈이 대단히 높습니다. 결혼생활이 만족스럽지 않을 경우 자신의 진정한 짝은 어딘가 다른 곳에 있다고 상상하며 삶의 다른 가능성을 꿈꿉니다.

규범을 중시하는 사람, 리얼리스트

인간관계 내의 어떤 질서나 사회적 규범을 매우 중시하는 유형입니다. 대인관계가 원만하고 팀워크를 중시하며 타인에 대한 배려심이 깊습니다. 직장의 조직생활에 탁월하게 적응해 거의 언제나 상사로부터 높은 평가를 받습니다. 하지만 의사결정을 할 때 우유부단한 면모를 보입니다. 남들의 의견이나 상황을 많이 고려하다 보니 과거에 했던 방식에 의존하려는 경향이 있습니다.

남들 눈에 번듯하게 보이는 것이 무엇보다 중요합니다. 일상 속에서는 언제나 타인의 시선을 의식하면서 가능한 한 남들과 비슷해 보이려고 노력합니다. 정해진 룰이나 틀을 깨지 않으려고 최대한 노력하기 때문에 권위적이고 보수적입니다.

규범형 남성이 한 집안의 가장이 되면, 가정의 화목과 행복, 그리고 건강을 지상 목표로 삼습니다. 그리고 가족인 아내와 아이들에게도 상식적으로 생각하고 움직일 것을 종용합니다. 규범형 여성들은 남편이 벌어다 주는 돈으로 편안히 사는 것을 가장 성공한 결혼이라고 생각합니다. 규범형에게 현모양처란 당연하고 정상적인 모습입니다. 규범형의 사람들은 일단 맺어지면 웬만해서는 헤어지지 않습니다.

자기를 중시하는 사람, 아이디얼리스트

타인의 인정보다는 자기 자신의 인정을 중요시하는 유형으로 자기만의 스타일이 뚜렷합니다. 누가 뭐라고 해도 개의치 않고 자신의 소신을 밀어붙이는 게 특징입니다. 이들에게 중요한 것은 자신만의 스타일과 자유로움입니다. 다른 사람들이 엄두를 내지 못하는 일도 자신의 관점에서 봤을 때 타당하고 생각되면 과감하게 밀어붙입니다. 지나치게 자기중심적이라 고집불통이라는 평가도 종종 듣습니다. 타인에 대한 관심 자체가 희박하기 때문에 냉정하고 쌀쌀맞은 인상을 주기도 합니다.

자신의 생각대로 살아가면서, 자신의 믿음이 맞는다고 느낄 때 삶의 자유를 느끼고 행복해합니다. 남들이 꺼려하는 도전적인 과제를 즐기며, 상상력을 발휘하여 창의적인 일을 하려는 성향이 매우 강합니다. 결혼에 대해서도 그리 심각하게 생각하지 않습니다. "연애는 좋지만 결혼은 그다지"라고 말하는 사람들이 이 유형에 속합니다. 또한 남들이 보기에 눈이 높아 보일 수도 있지만 눈이 높다기보다 자신이 정해둔 기준이 분명할 뿐입니다. 만약 결혼을 하게 된다고 해도 일종의 '괜찮은 배경 화면' 쯤으로 생각하는 경우가 많습니다. 어떤 사람을 만나 결혼하건 자기만의 스타일을 고수하면서 각자의 삶을 꾸려나가는 게 제일 중요하다고 믿는 사람들입니다.

완성을 중시하는 사람, 퍼펙셔니스트

자기 삶에서 나름대로 지향하는 멋이나 나름대로의 스타일을 가지려는 사람들입니다. 맡은 바 임무를 완벽하게 완수하는 것에 대해 자부심을 느끼기 때문에 '일벌레'로 불리기도 합니다. 항상 계획적으로, 그러나 자율적으로 움직입니다. 주어진 과제를 철저히 분석해 정확하게 완수하고, 결과물의 우수함을 보증하기 위해 불철주야 노력합니다. 일을 통한 성취감에서 존재감을 획득하는 유형이라 직장 내에서도 인간관계보다 업무를 우선합니다.

취미 생활을 할 때도 전문가 뺨칠 정도로 몰두한다는 것이 특징입니다. 이들은 취미 생활마저 완수해야 할 과제로 여기기 때문입니다.

풍족한 환경에서 자라면서 다양한 경험을 했다는 공통점이 있습니다. 취향이나 관심사가 비슷한 사람들과 교류하며 그런 사람들과 함께하는 시간을 즐거워합니다. 이들의 삶에서 가장 중요한 것은 자신만의 독특한 취향을 유지하고 인정받는 것, 그 속에서 즐거움을 찾는 것입니다. 따라서 변화무쌍한 인간관계 속에서 자기 스타일대로 일을 진행할 수 없을 때 쉽게 좌절하기도 합니다. 업무 계획이 자주 수정되거나 할 때 극도의 스트레스를 호소하며 차라리 일을 포기해버리는 모습을 보이기도 합니다.

일이나 생활뿐 아니라 인간관계에도 성실 그 자체입니다. 다만 감정 표현이 무디고 타인과의 관계가 일정 수준 이상으로 발전하기 어렵다는 점이 있습니다. 자기가 구축한 세계가 이미 너무나 완벽하고 그 안에서 누리는 즐거움이 충분히 크기 때문입니다.

남녀의 연애나 결혼이 자꾸만 복잡해지는 것은 각기 다른 성격, 다른 유형의 사람들이 만나기 때문입니다. 대개의 사람들은 일상적인 사회생활을 하거나 가족이 아닌 타인과 만날 때 리얼리스트의 모습을 보입니다. 그렇기 때문에 남녀가 처음 만날 때는 서로에 대해서 물리적인 조건만 생각하지 심리적인 조건은 쉽게 파악하지 못합니다. 서로 상대에게 맞추려고만 할 뿐, 자기 자신의 특성이 무엇인지를 뚜렷이 알리려고 하지 않기 때문입니다.

돈, 학벌, 집안 배경, 외모도 중요하지만, 평생을 함께할 사람을 고르는 데 가장 중요한 기준점이 되어야 할 것은 뭐니 뭐니 해도 성격입니다. 직업도, 외모도, 학벌도, 집안 배경도 모두 서로의 마음에 들어 결혼한 커플들이 세월이 흐르자 수없이 깨지는 것을 우리는 보아 왔습니다.

차라리 가진 것이 없어도, 배움이 짧아도, 못난이 소리를 들어도 마음이 척척 맞는 상대를 골라야 가정을 이루었을 때 화목합니다. 예부터 가화만사성이라고 했습니다. 감히 말씀드리건데 이 말처럼 진리인 것이 없습니다. 가정이 화목하면 모든 일이 잘 풀리게끔 되어 있습니다. 집안이 평안하면 회사에서도 즐겁게 성실하게 집중해서 일할 수 있게 됩니다. 부부가 쿵짝이 잘 맞으면 사소한 데에서도 웃을 일이 많아집니다. 남보다 가난하게 시작해도 어느새 복이 저절로 굴러 들어와 금세 탄탄하게 일어설 수 있습니다.

사람들은 흔히 자신과 성격이 정반대인 사람에게 호감을 느낍니다. 위험천만한 일입니다. 부부는 서로 성격이 달라야 잘 산다는 어른들의 말도 틀렸습니다. 남녀의 성격은 쌍둥이처럼 닮을수록 금상첨화입니다. 그래야 서로 의견차이로 싸울 일도 안 생깁니다.

만약 지금 사랑하는 사람과 매번 생각이 다르고 의견충돌이 일어난다면 지금 두 사람의 관계가 유지되는 것은 오직 눈에 씌인 콩깍지의 힘이라고 보아야 할 것입니다. 그리고 더더욱 서로를 이해하기 위해 몇 배의 노력을 기울여야 할 것입니다.

평생을 함께할 사람을 찾고 계십니까? 그럼 먼저 내 성격이 어떤지 정확히 파악하고, 내 성격과 비슷한 사람을 알아보기 위한 연습을 시작합시다. 상대가 어떤 성품을 가졌는지, 나와 맞는 성격인지 그것 하나만 정확하게 알아도 훗날 두 사람이 가슴 아프게 헤어지는 일은 일어나지 않을 것입니다.

참지 말고 재혼해서 폼 나게 살기

돌싱의 미래, 다시 시작할 수 있다

재혼을 위한 수칙 5계명 따라하기

재혼을 위한 결심, 다섯 단계 뛰어넘기

행복한 재혼 위해 가족 관계 파악하기

아내들이 남편에게 원하는 다섯 가지는?

남편들이 아내에게 원하는 다섯 가지는?

돌싱의 미래, 다시 시작할 수 있다

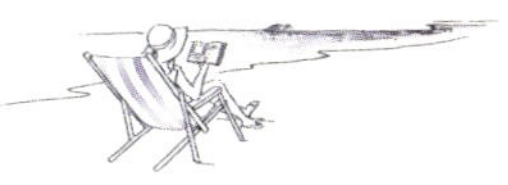

　돌싱이 되고 나면 사람들은 내가 원하는 사람을 언제든지 만나고 재혼을 할 수 있을 거라고 생각합니다. 흔히들 "똥차 가고 벤츠 온다"고 말하지요. 하지만 똥차를 보내고 나서 신경 써서 고른 차가 겉만 멀쩡할 뿐 속은 엔진이 언제 폭발할지 모를 고물차일 수도 있는 것입니다. 게다가 초혼과 달리 재혼은 누구를 만나는 것 자체가 쉽지가 않습니다. 설령 만난다 해도 한 번 했던 결혼생활로 형성된 여러 가지 환경적·심리적 제약이 새로운 미래를 꿈꾸는 데 만만치 않은 걸림돌이 됩니다.

　실제로 어느 결혼정보회사에서 재혼을 희망하는 돌싱남녀를 대상으로 설문조사를 했더니, 돌싱 남성은 주변에서 결혼에 처참하게 실패한 사례를 보면 재혼에 대한 회의가 생기고, 돌싱 여성은 원하는 조건의 배우자감을 찾지 못할 때 재혼을 꼭 해야 할지에 대해 의문이 든다고 대답했습니다.

언제 재혼에 대해 회의가 드는가?

남성

1위	30.4%	주변의 불행한 결혼생활을 볼 때
2위	24.4%	원하는 재혼상대를 찾지 못할 때
3위	14.6.4%	교제하던 상대의 나쁜 행태를 볼 때
4위	12.2%	자신의 열악한 재혼 여건

여성

1위	39.3%	원하는 재혼상대를 찾지 못할 때
2위	31.4%	교제하던 상대의 나쁜 행태를 볼 때
3위	15.7%	주변의 불행한 결혼생활을 볼 때
4위	7.9%	초혼 실패 경험을 떠올릴 때
5위	5.7%	자신의 열악한 재혼 여건

온리유 제공_ 설문대상 돌싱남녀 각 369명(총 738명)

이혼 과정에서 남성은 재산 분배나 자녀 양육 문제 등에 대해 불만을 갖게 되기 마련이고, 여성은 자신의 삶에 확실한 도움이 되지 않을 재혼은 원하지 않으므로 재혼 상대를 찾는 데 신중할 수밖에 없습니다. 또 다른 결혼정보업체에서 진행한 설문 조사에서는 '초혼의 실패에도 불구하고 재혼을 꼭 하려는 이유'에 대해 남녀 모두 압도적 다수가 '제대로 된 결혼생활을 해보고 싶어서'(남 61.8%, 여 76.7%)라고 답했습니다. 초혼은 제대로 된 것이 아니었기 때문에 깨졌다고 생각한다는 것을 알 수 있습니다. 그럼 제대로 된 결혼생활이란 무엇일까요? 이미 여러분이 아시다시피, 행복하고 화목한 생활, 부부가 서로를 지지하는 생활, 당장은 부족할지언정 함께 협력해서 채워나가는 생활일 것입니다. 만약 '제대로 된 결혼생활'을 남들 보기에 번듯한 집, 번듯한 배우자, 번듯한 생활로 생각하는 분이 아직도(!) 계시다면, 안타깝지만 차라리 재혼을 포기하시라고 말씀드리고 싶습니다. 그런 마음가짐으로는 몇 번을 결혼하더라도 실패할 수밖에 없기 때문입니다.

또 전 배우자와의 결혼 파탄에 대해 돌싱 남성은 가장으로서 일말의 책임감을 느끼는 경우가 많지만 돌싱 여성은 피해 의식을 갖는 경향이 있습니다. 따라서 돌싱 남성들은 부부간에 원만한 관계를 유지하기가 근본적으로 쉽지 않다는 것을 전제하나, 여성은 배우자만 잘 만나면 얼마든지 행복할 수 있다는 기대와 환상을 갖는 경우가 많습니다. 하지만 거듭해서 말씀드리다시피, 이 세상에는 완벽한 사람도 없고 저절로 굴러가는 완벽한 결혼생활도 없습니다. 무엇이든 '함께' 노력하고 '서로가 서로를' 이해하고 용납해야 합니다.

한 가지 더 우려스러운 것은 '재혼을 꼭 하려는 이유'로 '외로워서', '혼자 살기 힘들어서' 등을 두 번째로 많이 꼽았다는 사실입니다.

"상대가 없어도 내가 완전해야 한다. 즉 온쪽이 되어야 한다. 그래서 상대의 온쪽과 내 온쪽이 합쳐져서 가운데 금이 없는 하나가 되어야 한다. 그래야 하나가 없어져도 다시 온쪽이 될 수 있다. 상대에게 기대지 않고 스스로 설 수 있어야 한다. 내가 온전하면 상대에게 기대하는 것이 없기 때문에 상대를 더 잘 이해하고, 상대가 필요할 때 도움을 줄 수 있기 때문이다."

법륜 스님의 책 「스님의 주례사」에 나오는 말입니다. 초혼이 이러할 진대 재혼은 더더구나 그렇습니다. 혼자 온전히 서기 위한 과정에는 고통이 따릅니다. 그런데 그 고통이 싫어서, 당장의 외로움을 달래기 위해서 이루어지는 만남은 피해야 합니다. 외롭다고, 혼자 살기엔 이러저러한 것들이 부족하다고 해서 누군가를 만난다면 서로 충족되지 못한 것을 발견했을 때 다시금 이별을 고하게 될 가능성이 높습니다. 재혼의 이혼율은 초혼의 이혼율보다도 배 이상 높다는 것만 보아도 두 번째 결혼을 얼마나 신중하게 고민해봐야 할 일인지 알 수 있습니다.

초혼이 맨땅에 벽돌을 하나씩 쌓아 짓는 집이라면, 재혼은 이미 집이 지어졌다가 허물어진 자리에 다시 집을 지어 올리는 것과 같습니다. 먼저 예전 집의 구조적 결함을 보완하는 설계도를 짜야 합니다. 처음 집을 지을 때보다 몇 배의 고민이 필요한 작업입니다. 설계도를 완벽하게 짰다고 해도 우선 예전 집이 남긴 잔해를 깨끗이 치우는 일이 필요합니다. 쓸 만한 자재는 따로 챙겨두는 작업도 필요합니다. 기존의 배관을 새로 지을 집에 맞춰 완전히 뜯어 고치는 것도 필수입니다. 그 과정에서 새로운 문제를 발견해서 설계도를 수정해야 할 일이 생길지도 모릅니다. 결국 기한 내에 구상했던 그대로 아름다운 집이 완성될지는 아무도 장담할 수 없게 됩니다. 집을 함께 짓는 파트너가 계속해서 용기를 불어넣어주지 않는다면, 그 파트너와 손발이 환상적으로 맞을 거라는 보장이 없다면 시작할 엄두도 나지 않는 일인 것입니다.

인연을 만나 결혼을 하는 것은 힘든 일입니다. 그리고 상처를 딛고 새로운 인연을 찾아 재혼을 하는 것은 더 어렵고 힘든 일입니다. 물론 재혼해서 행복하게 잘사는 경우도 많이 있습니다. 어렵다고 하는 것과 불가능하다는 것은 다른 법이니까요. 그렇다면 행복한 재혼과 불행한 재혼의 차이는 어디에서부터 비롯되는 것일까요?

재혼을 위한 수칙 5계명 따라하기

　첫 결혼이 이혼으로 정리됐든, 사별로 끝났든, 그 실패나 아픔을 보상하고 싶은 심리가 작용할 수밖에 없는 것이 재혼입니다. 특히 이혼을 했다면 완벽한 배우자를 만나고 싶은 마음이 더욱 커진 상태이지요. 하지만 재혼 현실은 그리 만만하지 않습니다. 결혼생활을 잘 아는 데서 오는 식상함, 사랑보다는 현실을 더 의식해야 하는 상황 등 이유는 여럿입니다.

　한 번 결혼에 실패한 만큼 돌싱 남녀는 이성을 만나고 교제하는 것에 매우 큰 두려움을 갖고 있습니다. 이 때문에 재혼을 꿈꾸는 돌싱들은 매우 까다로운 조건을 내걸기 마련입니다. 재혼 희망자들이 원하는 배우자 조건에서 가장 우선시하는 사항은 무엇이었을까요? 성격? 아닙니다. 바로 경제력이었습니다. (성격이 얼마나 중요한지 아는 우리들로서는 실로 안타까운 결과가 아닐 수 없습니다.) 남녀 모두 같은 대답을 했지만 여기에도 약간의 차이가 있었습니다. 돌싱 여성들은 든든한 경제력만 갖추고 있으면 나이 차이나 성격차이

*

는 감수할 수 있다고 대답했습니다. 남자들은 나이가 되도록 어린 여성, 온순한 성격과 외모 관리를 바지런히 하는 여성을 선호하는 것으로 나타났습니다. 솔직히 말씀드리면, 이런 마음으로는 재혼 시장을 공략해봤자 실패할 수밖에 없습니다.

초혼과 마찬가지로 재혼도 크게 두 가지 유형으로 분류해볼 수 있습니다. 하나는 사랑에 빠진 사람과 진실한 관계를 지속하기 위해 결혼하는 것이고, 다른 하나는 사랑은 핑계일 뿐 경제적인 문제나 권력의 관계를 맺기 위해 결혼하는 것입니다. '제사보다 젯밥에' 마음이 가 있는 경우이지요. 단순히 부유층이나 권력층과 맺어지는 것만을 말하는 것은 아닙니다. 요즘은 외모도 권력이요 학벌도 권력입니다. 소위 말하는 '스펙'을 따지는 것도 이 경우에 해당됩니다.

전통적으로 강조되는 결혼의 스펙은 외모, 학벌, 직업, 가정환경 등입니다. 문제는 온갖 스펙을 완벽하게 갖추었다고 해서 저절로 행복이 딸려온다는 것이 아니라는 점입니다. 행복을 위한 '조건' 들, 예컨대 연봉과 집, 자동차 같은 것에 집착하지 마십시오. 행복은 물질에 있는 것이 아니라 나와 배우자, 나와 세상이 맺는 관계가 얼마나 건강하고 만족스러운가에 따라 결정되기 때문입니다. 그러니 '조건'을 찾느라 열정을 낭비하지 말고 자신과 상대방이 맺는 관계, 그리고 나 자신과 그 조건들이 맺는 관계에 주목하십시오. 나와 상대방이 맺는 관계는 당연히 순수한 사랑에 기반해야 하며, 그러면서도 평등한 관계여야 합니다.

물론 우리의 마음과 기분은 이런저런 상황에 따라 수시로 변합니다. 문제는 어려운 상황 속에서도 지혜롭고 유쾌하게, 때로는 세심하고 아름답게 대처할 수 있는 능력입니다. 그래서 우리는 재혼 당시만이 아니라 새롭게 부부의 연을 맺어 살아가는 모든 시간에 걸쳐 늘 새로워지려 노력해야 합니다. 가구도 수시로 닦아야 윤이 들어 더욱 광택이 흐르게 되듯, 부부 사이의 인간적인 매력도 수시로 갈고 닦아야 합니다. 누가 더 우위에 있고 누가 더 영향력이 센가 따지는 것은 사랑의 관계에 해로울 뿐입니다. 그건 사랑이 아니라 차라리 갑을관계에 더 가깝겠지요. 사랑의 관계가 되려면 서로가 서로에게 장점을 북돋워주고 단점을 보완해주어야 합니다. 이는 부단한 노력과 학습을 필요로 합니다. 부부야말로 이 세상 어느 누구보다도 대화를 많이 나누어야 하고 함께 배우는 자세로 인생을 살아가야 하는 것입니다.

그러나 현실적으로는 이를 잘 알면서도 실천을 못하는 경우가 부지기수입니다. 시간이 부족할 수도 있고 상황이 안 따라줄 수도 있습니다. 하지만 가장 핵심적인 문제는 나나 상대방의 마음 깊은 곳에 트라우마가 있어서 생각대로 몸이 움직이지 않는다는 점일 것입니다. 재혼 부부는 각자가 상처받은 사람들입니다. 서로가 모두 상처받은 존재라는 것. 그리고 그것을 치료할 수 있는 것은 진실한 사랑뿐이라는 것을 진심으로 인정할 때 비로소 제대로 사랑의 관계를 실천할 수 있을 것입니다.

다음은 모 재혼전문회사에서 발표한 〈재혼을 위해 확인해야 할 '재혼수칙 5계명'〉입니다. 이 5계명은 재혼전문회사인 '두리모아'와 '예가3040', '새혼3050'의 결혼상담사 50여 명이 실제 상담을 하면서 느꼈던 점들을 정리한 것으로, 인생에서 가장 중요한 선택의 순간을 소홀히 결정하지 않도록 꼭 체크해 보시기 바랍니다.

첫째, 상대방의 호적을 꼭 확인하십시오.

극히 일부의 일이기는 하지만 가정이 있는 남녀가 호기심 또는 사기의 목적으로 재혼자들을 속이는 경우가 있다고 합니다. "오랜 기간을 만나왔기 때문에 확실히 싱글임을 보증할 수 있다"라고 자신하다가는 큰일이 날 수 있습니다. 또한 호적을 확인함으로써 자녀가 있는지, 혹시라도 혈연관계 등에 거짓은 없었는지 살펴볼 수 있습니다.

둘째, 결혼할 마음이 있는 사람을 만나십시오.

'화려한 싱글'이라는 말이 유행처럼 회자되고는 있지만 현실 세계에는 실제로 화려한 싱글은 없습니다. 혼자 있다가 아프거나 큰 일을 치르게 되면 마음의 빈자리는 더 크게 다가옵니다. 특히 나이가 들수록 상실감은 커지고 우울증 등에 걸릴 가능성이 높아집니다. 많은 재혼 상담사들이 "'평생 연인처럼 데이트하고 차 마시면서 만나자' 라고 하는 사람을 특히 주의하라"고 경고하고 있습니다. 이런 사람들의 100명 중 90명은 결혼에 대한 의지가 없으며 어느 순간 헤어짐의 아픔만 남겨주기 때문입니다.

셋째, 6개월 이상 만나고 결혼은 모두에게 알리십시오.

가끔 재혼자들 중에서 '이렇게 좋은 사람을 왜 이제야 만났을까?' 반색하며 만난 지 한 달도 채 안 돼 동거부터 하는 경우가 생깁니다. 좋은 사람을 만난 것은 축하할 일이지만 성급하게 내린 결론은 두 번째 이혼을 부를 가능성이 높습니다. 특히 한번 이혼을 했던 사람들은 '해봤었는데, 뭘…… 또 만나면 되지' 하고 쉽게 이혼을 결정합니다.

또한 결혼을 결심했다면 부끄러워하지 말고 당당하게 주위 사람들에게 알려야 합니다. 이혼, 재혼은 부끄러운 치부가 아니라 하나의 과거일 뿐이라는 것을 명심합시다.

넷째, 자녀가 있다면 미리 친해두십시오.

재혼가정에서 가장 큰 문제가 바로 자녀 문제입니다. 자녀와 새엄마, 새아빠와 사이에 갈등이 생기면 이는 곧 부부간의 갈등으로 번지고 자칫 자녀의 탈선, 가정의 불화로 이어져 이혼의 가능성을 키우게 됩니다. 나이가 어린 자녀든, 성인인 자녀든지 간에 아이와 먼저 친해지고 되도록 아이의 입에서 "우리 엄마, 아빠 해줬으면 좋겠다"라는 말이나 반응이 나와야 문제가 발생할 소지가 적어집니다. 그러자면 먼저 상대방의 자녀를 내 자식처럼 품겠다는 마음의 결정을 내려야 하겠지요.

마지막으로, 결혼을 결정했다면 끝까지 서로를 믿으십시오.

이혼한 사람은 많지만 "내가 잘못해서 이혼했다"고 말하는 사람은 없습니다. 모두 배우자가 잘못했고 그래서 결국 자신만이 피해자라고 생각합니다. 새롭게 시작하는 마음으로 과거 배우자에 대한 나쁜 점들을 모두 잊어야 피해의식을 버릴 수 있고, 새로운 배우자에 대해 믿음을 쌓을 수 있습니다. 신뢰가 없으면 가정은 곧 무너질 수밖에 없는 것입니다.

과거 배우자와 비슷한 점을 하나라도 발견한 경우 '이 사람은 안 되겠어, 그전 사람처럼 그럴 거야' 라고 지레짐작하는 것은 다시 돌싱이 되는 지름길입니다.

재혼을 위한 결심, 다섯 단계 뛰어넘기

　오랫동안 돌싱남녀에 대해 관심을 갖고 재혼시장에서 일어나는 현상과 결과들을 지켜보며 가장 안타깝게 여겼던 것은 재혼 후 일어나는 일들이 거의 공개되어 있지 않다는 점이었습니다.

　재혼 전문 결혼정보회사에서도 재혼 성사 그 자체에만 관심을 갖지 재혼 후 생활에 대해서는 책임을 질 필요가 없다는 입장인 데다 우리 사회가 재혼부부에 대해 아직까지 그렇게 호의적이지 않기에 '저희는 재혼한 뒤 이렇게 지내고 있습니다' 하고 공개하는 사람이 드문 탓입니다.

　재미있는 것은 재혼 부부들과 이야기를 나누어보면 자신들이 돌싱인 적이 있었는지도 까맣게 잊고 지내고 있는 경우가 대다수라는 점입니다. "사람은 판단력 부족으로 결혼하고 참을성 부족으로 이혼하며 기억력 부족으로 재혼한다"더니, 정말 그 말이 맞나 봅니다.

　이렇게 재혼 커플의 경험과 노하우가 돌싱들에게 전달되는 통로가 거의 없다 보니 아직 많은 돌싱들이 재혼에 대해 막연한 환상과 불안을 갖고 있습니다. 물론 거기에는 '다시 상처받고 싶지 않다' 는 방어적인 심리와 더불어 결혼정보회사들이 적극적으로 만들어 내고 있는 재혼에 대한 환상에도 책임이 있겠지요. 환상적인 신화 는 자꾸 접하는데 현실에서는 그러한 환상을 충족시켜줄 대상을 만 날 수가 없으니 많은 돌싱들이 갈팡질팡하고 있는 형편입니다.

다행히 돌싱들이 모인 인터넷 커뮤니티가 그나마 재혼커플과 돌 싱들 사이의 통로 역할을 하고 있습니다. 또 많은 돌싱들이 인터넷 이라는 열린 공간을 통해 새로운 짝을 만나고 있습니다. 하지만 재 혼커플이 되었다는 선언은 있어도 그 이후의 생활에 대해 허심탄회 하게 밝히고 있는 분들은 그리 많지 않습니다.

먼저 일반적으로 이루어지는 재혼의 과정을 다섯 단계로 구분해 서 살펴보겠습니다.

첫 번째 단계, 재혼을 결심하다.

돌싱이 된 이후로 이성과 사귀는 것에 마음의 문을 굳게 걸어 잠 그는 경우도 있을 테고, 다시는 이성을 만날 일이 없을 것이라고 지 레짐작하여 포기하는 사람도 있겠지만, 적지 않은 돌싱들이 새로운 인연을 꿈꾸고 실제로 연애를 하기도 합니다. 그리고 연애의 단계 가 순조롭게 진행되면 슬슬 재혼을 꿈꾸게 됩니다. 사랑하는 사람 과 인생을 함께하고픈 것은 당연한 일 아니겠어요. 하지만 아직 재

혼을 하겠다고 주변에 말을 하는 데 어려움을 느낍니다. 자녀가 있
는 경우 더욱 그렇습니다. 또다시 실패할까 봐 두려운 마음도 있습
니다. 재혼에 대한 기대와 불안감이 공존하는 단계입니다.

두 번째 단계, 재혼을 준비하다.

재혼의 가능성을 구체적으로 따져보면서 현실적인 문제들에 대
해 고민하기 시작하는 단계입니다. 재혼을 하게 되면 어디에서 살
것인지, 직장은 어떻게 할 것인지도 고민입니다. 각자의 자녀를 어
떻게 화합시킬 것인지, 학교는 어떻게 할 것인지도 고민해야 하지
요. 그리고 슬슬 부모님과 주변 지인에게 재혼 소식을 알리게 됩니
다. 이 과정에서 부모님의 반대나 지인의 우려 등 예기치 않은 어려
움을 만나게 되기도 합니다.

세 번째 단계, 환상이 깨지다.

경제적인 문제가 도드라지는 시기입니다. 특히 자녀가 있는 경우
생활비의 충당과 지출에 대한 조절에 있어 어려움을 많이 느끼기
마련입니다. 대놓고 말은 못해도 내심 네 돈 내 돈 따지게 됩니다.
왠지 치사하게 느껴져서 조심스럽게 다시 시작한 사랑에 처음으로
위기감을 느끼기도 합니다. 대외적으로는 새로 이사 온 동네 사람

들이 재혼 부부라는 것을 알까 봐 두려운 마음도 있습니다. 또 아직 유대감이나 친밀도가 충분히 형성되지 않은 각각의 자녀 문제도 현명하게 풀어가야 할 때입니다.

함께 살게 되면 금방 친해지리라 기대하지만 그 기대대로 따라주는 아이는 이 세상 어디에도 없습니다. 각각의 자녀가 생물학적 부모에게만 의지하더라도 서운하게만 생각하지 말고 유대감을 형성하기 위해 최선을 다해 노력해야 합니다. 자녀가 학교에 제출해야 할 가계도에 생부나 생모의 이름을 써야 할지 새엄마 새아빠의 이름을 써야 하는지도 미리 고민해서 정리해놔야 합니다. 어색하기만 한 새로운 처가 및 시댁과의 관계도 골칫거리입니다.

네 번째 단계, 갈등이 폭발하다.

재혼 초기 서로에게 조심스럽던 시기를 지나 스트레스가 폭발하는 단계입니다. 막연하게 생각했던 여러 가지 문제들이 동시다발적으로 터져, 서로에 대한 배려와 현명한 판단이 그 어느 때보다도 중요합니다. 격렬한 토론과 말싸움이 오가기 쉽지만 감정적으로만 문제들을 처리하려고 해서는 안 됩니다. 이 시기를 잘 넘겨야 부부간 신뢰와 가족의 화합이 공고해질 수 있을 겁니다.

다섯 번째 단계, 재혼이 무르익다.

문제를 해결하기 위해 부부가 함께 노력한 결과 어느 정도 재혼 가족에 안정감이 형성되는 시기입니다. 아이들도 계부모를 한 가족으로 의식하고 생물학적인 관계에 상관없이 새로운 가족의 구성원이 되는 것에 대한 거부감을 많이 해소한 단계입니다.

애석하게도 이 마지막 단계에 이르는 데 많은 재혼 가정이 실패하는 것을 볼 수 있습니다. 지나치게 비현실적인 기대를 가지고 재혼을 했다가 그 환상이 허상이었음을 알아차리는 순간, 극복을 위한 노력보다는 재이혼을 쉽게 선택해버리는 경우가 많은 것입니다.

재혼 부부 열 쌍 중 여덟 쌍이 재이혼을 한다고 합니다. 우리나라 재혼 실태의 불편한 진실입니다.

행복한 재혼 위해 가족 관계 파악하기

　재혼가정은 대체로 초혼가정보다 가족간의 유대가 강하지 않고 불안정하기 마련입니다. 무엇보다 혈연을 중요시하는 우리나라의 문화적 특징이 가장 큰 이유입니다. 또 다른 이유는 재혼가정이 초혼가정보다 해결해야 할 인간관계 등 문제가 복잡하기 때문입니다. 일례로 재혼가정의 아이에게는 생부·생모의 아버지, 어머니뿐 아니라 계부·계모의 아버지, 어머니까지 생기게 됩니다. 극단적인 경우 네 명의 할아버지와 네 명의 할머니가 생기는 것입니다. 유교적 전통이 강한 우리나라에서 복잡해지는 가족관계는 아이는 물론 부모의 마음을 심란하게 만드는 요인이 될 수 있습니다.

　서로 충분히 고민해서 결혼을 결정했다 하더라도, 재혼가정의 부부는 초혼 때보다 더 자주 다투기 마련입니다. 초혼의 실패로 상처받은 자존심을 들키지 않으려다 싸우기도 하고, 서로 다투는 게 두려워 솔직한 대화에 서툴러 오히려 앙금이 쌓이기도 합니다. 무엇보다 서로의 자녀 문제가 다툼의 원인이 되는 경우가 많습니다. 재혼부부는 자신들만 잘하면 의붓 자녀들과도 곧 좋은 관계를 이룰 수 있을 것이라고 과신하는 경향이 있습니다. 이런 낙관적인 태도가 불러일으키는 긍정적인 면도 있지만, 만약 자신들의 생각대로 아이들과의 관계가 좋아지지 않는다면 낙담하고 실망하며, 때로는 자책하고 죄책감을 가질 수도 있습니다.

일반적으로 친부(친모)는 계부(계모)가 아이들에게 더 엄격하다고 느끼며, 심지어는 자신이 낳지 않은 아이들에게 가혹하게 대한다는 선입견을 갖고 있습니다. 반대로 계모(계부)는 친부(친모)가 아이들에게 너무 관용적이어서 아이들의 버릇이 갈수록 나빠지고 자신의 훈육이 통하지 않는다고 불평하는 경향이 있습니다.

아이들과의 사이에서 발생하는 문제를 초혼가정을 모델로 해서 해결하는 것은 적절하지 않습니다. 또한 아이들에게는 현재 살고 있는 재혼가정 외에도 따로 살고 있는 이차부모가 존재한다는 사실을 잊지 말아야 합니다. 아이들에게는 함께 사는 계부모를 '단점이 많은 인물'로 인식하는 반면 함께 살지 않는 친부모는 실제의 인물 됨됨이보다 이상화하여 기억하는 경향이 있습니다. 자신이 잘못해 꾸중을 듣더라도 '날 낳아준 엄마(아빠)였다면 ~했을 텐데'라고 생각하기 마련입니다. 더욱이 계모나 계부가 자신들에게 잘해주어 이들을 따르고 좋아하게 되면 자신을 낳아준 생모 혹은 생부를 배신하는 것이라고 생각해 자연스럽게 애정이 형성되는 것에 강하게 저항할 수 있습니다.

염두에 두어야 할 것은 재혼가정 내에서 아이들은 우선 배려를 받아야 하는 존재라는 점입니다. 재혼부부는 새로운 사랑에 빠져 감정적으로 들뜬 상태인 데다가, 기존 생활환경의 변화로 인한 상실감보다는 재혼 후 얻어지는 이득, 예를 들어 정신적 안정감, 성적 만족, 경제적 여유 같은 것을 더 인식하게 됩니다. 그러나 아이들은 기존 생활에서 누렸던 이득, 예컨대 혼자 방을 사용했던 편안함, 엄마 혹은 아빠의 집중적인 관심, 장남(장녀)로서의 주도적 역할 등을 잃어버리는 상실감이 매우 크기 마련입니다. 혼자 쓰던 방을 다른 의붓 형제들과 함께 사용해야 함은 물론 자신의 물건을 공유해야 하고, 예전에는 늦게까지 TV를 봐도 괜찮았으나 계모(계부)는 9시만 되면 잠자리에 들라고 다그치는 것입니다.

그래서 재혼 가정은 서로 다른 가정문화를 가진 구성원들로 이루어져 있다는 것을 인지하고 모두가 동의하는 가정 규칙을 새로 만들어야 합니다. 가능하면 가족 모두가 모여 앉아 예전과 달라진 생활에 대해 함께 대화를 나누고 토론함으로써 규칙을 정하는 것이 좋습니다. 기존 생활방식을 한꺼번에 바꾸는 것은 어느 쪽에서건 불만이 터져 나올 수 있으므로, 일단은 예전과 같은 생활방식을 인정해주면서 서서히 고쳐나가도록 합시다. 언제 일어나고 언제 식사를 하는지, TV를 보는 시간과 게임하는 시간, 계부모를 부르는 호칭 등을 대화를 통해 합리적으로 결정하면 가족이 함께 정한 규칙을 공들여 지켜나가는 과정에서 한 가족의 구성원이라는 결속도 다질 수 있고 책임감도 심어줄 수 있습니다. 또한 아이들에게 엄마 아빠가 둘일 수 있다는 점도 이해시켜야 합니다. 따로 살고 있는 이차부모와도 좋은 관계를 유지할 수 있도록 허락하고 격려한다면 아이들로 하여금 충성심 갈등과 죄책감으로부터 벗어나게 할 수 있습니다. 아이들이 자신의 생모·생부를 사랑한다고 해서 당신을 사랑하지 않는다는 것은 아닙니다.

초혼부부와 재혼부부의 또 하나의 다른 지점은 생물학적 차이입니다. 당연한 일이겠지만 재혼부부는 초혼부부보다 연령대가 높고 서로 나이 차가 더 많이 나며 각각의 자녀들 또한 연령대에 차이가 있어 한 가족의 구성원으로 생활주기를 맞추기가 상당히 어렵습니다. 또 남성이 중년에 재혼을 한다면 은퇴를 준비해야 할 시기겠지만 여성의 경우는 이제 막 사회활동이 무르익어 왕성해진 시기일 수 있습니다.

성적으로도 불협화음이 생길 수 있습니다. 부부간에 나이 차이가 많으면 취미활동과 관심사항이 달라 함께하는 시간이 줄어들 수도 있습니다.

따라서 재혼가정의 가장 중요한 우선적인 과제는 부부간에 밀접한 정서적 유대를 만드는 일입니다. 재혼부부 간의 밀접하고 확고한 유대는 계부모 - 자녀 관계에도 긍정적인 영향을 미칩니다. 사랑에는 전염성이 있어서, 부부가 서로를 진심으로 아끼고 사랑하고 염려한다면, 처음에는 비협조적이었던 아이들도 결국에는 새로운 유대를 맺어가는 데 적극적으로 협력하게 될 것입니다.

따로 사는 아이들의 친부모의 역할은 다소 제한하는 것이 좋습니다. 이차부모가 아이들을 핑계로 재혼가정에 개입하는 것은 좋지 않습니다. 이 또한 할 수 있는 것과 없는 것의 경계를 명확히 해서 상호 간에 지키도록 노력해야 합니다.

지금까지 살펴본 바와 같이 재혼가정이 풀어야 할 숙제는 한두 가지가 아닙니다. 초혼이 국지전 정도였다면 재혼은 가히 세계전쟁급입니다. 하루에도 문제가 몇 건씩 터지고 사랑으로 모든 걸 극복하겠노라 다짐했던 마음도 자꾸만 흔들리게 됩니다. 재혼은 말 그대로 '무지막지하게' 힘든 일인 것입니다. 하지만 그래도 재혼을 해야 할 것 같다면, 뜨거운 사랑 때문이건 현실 안정 때문이건 혼자 사는 것이 외롭고 무서워서건, 재혼의 장점과 단점을 먼저 명확하게 파악하고 시도해야 할 것입니다. 재혼가정의 여러 특징들을 미리 파악하고 서로의 차이를 미리 솔직하게 인정한다면, 그리고 어려운 점이 드러날 때마다 대화를 통해 해결해 나가겠다는 확고한 의지가 있다면 원만한 재혼생활에 큰 도움이 될 것입니다.

아내들이 남편에게 원하는 다섯 가지는?

황혼이혼에 대해 다룬 텔레비전 프로그램을 보고 있을 때였습니다. 마침 남편에게 평생 상습적인 언어폭력과 무시를 당해온 아내의 인터뷰가 나왔습니다.

이제 얼굴에 주름이 가득한 노년의 부인이 자식 앞이건 어디건 거침없이 욕설을 퍼붓고, 친정 식구들을 모욕하고, 툭하면 밥상을 엎는 남편에게 진작부터 오만정이 떨어졌다고 말하고 있었습니다. 하지만 자식들이 장성해서 결혼할 때까지 참고 또 참다가 이혼을 했다고 덤덤하게 이야기를 하더군요.

노부인은 위자료도 변변치 않아 홀로 단칸방에서 지내며 식당에서 일하는 것으로 생활비를 충당하고 있었습니다. 그래도 휴일에는 시간을 내어 등산도 하고 헬스도 한다며, 혼자 사니 너무 편하고 좋다고 미소를 짓습니다. 자기한테 욕을 퍼붓고 대놓고 무시하는 사람이 없으니 마음이 기지개를 켠 듯 자신감도 생긴다고 말합니다.

이어서 전 남편이었던 노신사의 인터뷰가 나왔습니다. 밝은 얼굴

"

로 건강하게 살고 있는 노부인과 달리 노신사의 몰골은 딱 보아도 제대로 생활하는 사람이 아니었습니다. 노신사는 대번에 자신의 전 아내가 오랫동안 계획적으로 이혼을 준비한 무서운 여자라며 치를 떱니다. 기자가 아내의 이혼 사유를 밝히자 노인은 더욱 어이없어 하는 얼굴로 이렇게 성토합니다.

"살다 보면 부부간에 섭섭한 일도 생기는 거 아닙니까? 부부가 뭡니까? 서로 이해하고 돕고 살아야 하는 것 아닙니까? 제가 상소리를 해서 이혼한 거라고요? 아니 사람이 화가 나면 무슨 소리를 못합니까? 그건 다 핑계입니다. 그저 내가 늙어서 돈을 못 버니까 필요가 없어진 거예요. 가족을 위해 평생 등골 빠지게 헌신한 결과가 이겁니다, 이거."

늙어서 경제력을 상실한 남자가 어디 그 노인뿐이겠습니까? 안타깝게도 노인은 전 아내의 다친 마음을 죽을 때까지 깨닫지 못할 듯했습니다. 전 아내에게는 평생 생채기로 남았던 일들이 그 남편의 기억 속에서는 아주 사소한 일일 뿐이더군요.

마지막으로 노인은 "돌아온다고 해도 절대 안 받아줄 겁니다" 하고 단언했습니다. 그야말로 착각의 결정타입니다. 전 아내가 자신처럼 이혼을 후회하고 있는 줄 아는 그 노신사가 안쓰럽기까지 했습니다.

이것은 극단적인 예이지만 수많은 부부가 겪고 있는 갈등을 아주

단적으로 보여주고 있다고 생각합니다. 이 땅의 많은 남편들이 가부장적인 관습에 익숙해 아내의 희생, 헌신, 순종을 너무나도 당연하게 여깁니다. 세상이 바뀌었고 자신의 사고방식을 바꾸어야 함을 깨닫지 못하고 여자들이 문제라며 목에 핏대를 세워가며 성토를 합니다.

이제는 변해야만 합니다. 바로 사고방식, 즉 결혼관을 바꿔야 합니다. 가부장적 결혼관에서 양성평등적 결혼관으로 생각을 바꾸는 것이 현명한 남편들이 갖출 첫 번째 덕목입니다.

우리나라는 아직도 남성 중심의 사회 구조이고, 결혼 또한 남성 중심의 가부장적인 구도입니다. 이렇게 애초부터 남편과 아내가 동등한 구성원으로 출발한 것이 아니기 때문에 현대의 결혼생활에서 이런저런 문제들이 발생하고 있다고 생각합니다. 그러나 이미 세상은 양성평등을 지향하고 있습니다. 또 사회적으로 여성의 권리와 목소리가 예전에 비해 높아진 것도 사실입니다. 그 덕분에 예전 같았으면 참고 살았을 사람들도 과감하게 이혼을 요구하게 되고, 사회는 이혼 후 여성들이 당당하게 살아갈 환경을 만들어주고 있습니다.

물론 오랜 역사 동안 남성들이 여성보다 상대적으로 우월한 입장에 있었기 때문에, 동등한 입장이 되어야 한다고 생각하는 것만으로도 어딘가 손해 보는 것 같고 억울하다 생각할 수 있습니다. 원래 없었던 걸 새로 가지는 건 좋아도, 가진 걸 내어주기는 누구에게나 어려운 법이니까요.

하지만 세상의 절반은 여성이고, 또 그 여성 중 일부는 내 가족이고 내가 사랑하는 사람입니다. 전체 여성을 위해서라고 하기에는 좀 그렇다면, 내 아내와 내 어머니, 내 누나나 여동생, 내 딸을 위해서라고 생각해봅시다. 그러면 좀 덜 억울할 것입니다.

여자가 원하는 것은 별을 따다주는 남자가 아니라 별을 따러 가는 꿈을 함께 꾸는 사람입니다. 남자들은 우월한 육체적 능력과 재력을 갖춰야 여자들 앞에서 당당해질 수 있다고 믿지만, 사실 여자들이 근본적으로 원하는 것은 마음의 소리를 잘 들어줄 공감 능력이 있는 남자입니다. 즉 서로에 대한 이해와 함께 상호 평등한 관계가 유지되는 결혼이야말로, 여자들이 가장 꿈꾸는 이상일 뿐만 아니라 사회적으로도 바람직한 결혼 형태인 것입니다.

다음은 부부 문제 전문 상담가이자 임상심리학자인 윈러드 하리 박사가 정리한 '아내가 남편에게 원하는 것' 다섯 가지입니다. 읽어보면 알겠지만 거창한 것은 하나도 없습니다. 배우자라면 응당 지켜야 할 기본적인 사항들입니다.

첫째, 아내들은 지속적인 애정표현을 원합니다.

아내에게는 남편으로부터 사랑받고 있다는 사실을 항상 확인하고 싶어 하는 욕구가 있습니다. 다정한 말투, 로맨틱한 대화, 포옹, 스킨십, 선물, 꽃다발이나 사랑의 편지 등 눈에 보이는 형태의 애정 표현으로 '사랑받고 있다' 는 느낌을 받습니다. 보통의 남성이라면 '애정표현' 하면 즉각적으로 섹스를 떠올릴 것입니다. 하지만 여성 은 아무리 열렬한 사랑이라 하더라도 섹스만으로는 결코 만족하지 못합니다. 여성의 경우에는 애정과 성관계의 비율이 약 7:3 정도라 고 합니다. 섹스보다는 애정, 즉 정신적인 사랑의 증거를 갈망하는 것입니다. 남성들은 이런 여성의 심리를 이해하지 못하기 때문에 결혼 후에는 애정표현에 시들해지게 됩니다. "자기, 나 사랑해?"라 고 질문하는 아내에게 "그걸 꼭 말로 해야 하나?"라고 재미없게 응 수하기 일쑤인 것입니다. 어제 밥을 먹었다고 해서 오늘 밥을 안 먹 지 않듯이, 상냥한 말이나 다정한 태도로 끊임없이 사랑에 불꽃에 풀무질을 해주지 않으면 부부관계는 금세 냉각되어버리고 말 것입 니다.

둘째, 아내들은 남편이 대화의 짝이 되어주길 원합니다.

생물학적인 뇌 구조상 남성은 결과를 더 중요하게 여기고 여성은 과정을 더 중요하게 여깁니다. 따라서 남성과 여성의 대화는 서로 속도가 맞지 않을 수밖에 없습니다. 아내가 "그래서 말이야 어쩌고 저쩌고" 수다를 늘어놓으면 "결론만 말해" 하고 잘라버리는 남편들이 많습니다. 남편과의 대화를 원하는 아내에게 이런 반응은 관계의 선을 그어버리는 행위입니다. 결혼 전 데이트를 할 때는 남성도 여성에게 호감을 사기 위해 재미있는 대화에 많은 노력을 기울입니다. 그러나 사랑의 관계가 깊어지고 결혼에 이르게 되면 많은 남편들이 예전의 남성 특유의 대화법으로 돌아가 무뚝뚝해지고 맙니다. 대화의 단절은 아내가 불만을 갖는 가장 큰 요인 중 하나라는 것을 잊지 마세요. 단지 이야기를 들으며 고개를 끄덕이거나 짧은 응대만 해줘도 당신의 아내는 행복해할 것입니다.

셋째, 아내들은 신뢰할 수 있는 남편을 원합니다.

많은 아내들이 이야기하는 불만 중 하나는 '남편이 도대체 무슨 생각을 하고 있는지, 무엇을 하고 다니는지 전혀 알 수가 없다' 는 것입니다. 남성은 인간관계나 업무상의 문제 등을 혼자 해결하려는 경향이 강합니다. 그리고 모든 것이 해결되거나 결정된 뒤에야 주변에 '일전에 이런 일이 있었다' 고 말하는 경우가 많습니다. 반면에 여성은 문제가 생기는 즉시 주변 사람들에게 이야기를 하고 대화를 통해 결과에 도달하려는 경향이 강합니다. 아무 말도 하지 않고 있다가 일이 마무리되거나 크게 벌어진 뒤에야 실토하는 남편들에게 아내들은 섭섭함을 느낄 수밖에 없습니다. 또 일반적으로 여성은 똑같은 조건의 남성이라면 결혼 상대로 성실한 쪽에 높은 점수를 줍니다. 성실함은 곧 가족에 대한 책임감으로 연결되기 때문입니다. 원만한 결혼 생활을 유지하고 싶다면 문제가 생겼을 경우, 비록 답을 얻지 못한다 할지라도 아내와 함께 대화하면서 의견을 교환하는 것을 의식적으로라도 노력할 필요가 있습니다. 자신의 문제를 오픈하는 남편에게 아내는 더 큰 애정과 신뢰를 느끼게 될 것이며 남편의 예상과 달리 세상에서 가장 든든하고 믿을 수 있는 조력자가 기꺼이 되어줄 것입니다.

넷째, 경제적으로 안정적인 남편을 원합니다.

연애에서는 사랑만 있어도 충분하겠지만, 결혼은 일생 동안의 생활이 걸려 있는 일이기 때문에 경제적 능력이 무엇보다 중요해집니다. 돈이야 있다가도 없고 없다가도 있는 것이라고 하지만, 이왕이면 많을수록 좋은 것이 또 돈이지요. 특히 가정을 유지하는 데는 다들 아시다시피 적지 않은 돈이 들고, 풍족한 경제력의 여부가 삶과 생활에 직접적으로 끼치는 영향력은 실로 강력합니다.

물론 남자라면 당연히 아내와 아이들에게 경제적으로 불편을 겪지 않도록 해야겠다는 생각을 갖고 있을 것입니다. 하지만 살다 보면 자신의 의지와 상관없이 경제적 어려움에 맞닥뜨릴 수 있습니다. 경제적으로 궁지에 몰리면 생활이 불안해지고, 생활이 불안해지면 상대를 비난하거나 불만이 많아져서 결혼생활 자체가 위기에

처하게 됩니다. 어쩌면 당신이 이미 겪은 바와 마찬가지로 말입니다. 하지만 이런 경제적 위기를 겪는 때일수록, 그간 쌓아온 부부간의 금슬이 가정을 지키는 데 무엇보다 중요한 힘이 됩니다.

갑자기 실직을 당했거나 경제적 곤란을 겪을 위기에 처했다면 먼저 아내에게 솔직하게 사정을 밝히는 것이 가장 중요합니다. 의외로 위기에 강한 아내의 모습을 볼 수 있을 것입니다. 여자는 강하고, 엄마는 더 강합니다.

다섯째, 아내들은 남편이 집안일과 자녀, 처갓집에 관심을 가지길 원합니다.

시대가 변하면서 일반적인 남성의 인식도 많이 달라졌지만 아직까지도 육아는 엄마의 책임이라고 생각하는 남편들이 많습니다. 특히 여성이 전업주부일 때는 더욱 그렇습니다. 하지만 엄마만이 아이의 모든 것을 충족시켜줄 수 없습니다. 아빠가 해줘야만 하고, 아빠만 해줄 수 있는 부분도 분명 따로 있습니다. 실제로 아이들은 엄마에게서 따뜻함, 배려, 봉사, 수용 등을 익히고, 아빠에게서는 강인함, 리더십, 포용력, 자기주도적 사고 등을 배운다고 합니다. 부모가 특별히 가르쳐준다기보다 엄마 아빠의 생활을 보면서 자연스럽게 익히는 것이지요. 그러나 많은 아버지들이 늦게까지 회사에 붙들려 일을 하고 집에 돌아오면 피곤하다며 쉬기 바쁩니다. 이것은 결국 자녀와 단절을 불러올 뿐만 아니라 아내와의 관계에도 나쁜 결과를 불러옵니다.

만약 맞벌이 부부라면 더더욱 남편의 도움이 중요해집니다. 이때는 '도와준다'는 개념이 아니라 '함께한다'는 개념으로 가사와 육아에 개입해야 합니다.

또한 아내는 남편이 처갓집에 관심을 가져주길 원합니다. 많은 아내들이 "이상하게도 남자들은 결혼만 하면 효자가 된다"고 불만을 털어놓습니다. 시댁에는 일주일에 한 번씩 찾아가고 매일같이 안부전화를 드리기를 강요하면서 처갓집에는 일 년에 두 번 있는 명절에나 겨우 가는 남편들이 수두룩합니다. 결혼은 남자들뿐 아니라 여자들도 효녀로 만든다는 사실을 기억하십시오. 시댁에 한 번 가면 처가에도 한 번 갑시다. 자신의 부모님과 맛있는 음식을 먹었다면 장인 장모와도 맛난 음식을 먹으러 갑시다. 이런 사소한 일에도 아내는 크게 감동을 하고, 남편을 평생 우러러볼 것입니다.

남편들이 아내에게 원하는 다섯 가지는?

　　남녀관계는 연애든 결혼생활이든 기브 앤 테이크입니다. 감성만 따라서는 좋은 관계를 형성할 수 없습니다. 오래 지속되는 사랑은 상대방의 결핍을 채워주고, 나의 결핍을 채움 받을 때 가능한 것입니다. 나의 필요에만 집중하지 마시고 상대방의 필요에 집중해 주세요. 여자다운 이기심을 버리고 넉넉한 모성으로 남편을 안아주십시오. "남자들은 다 어린애"라는 말이 있습니다. 바깥에서는 근엄하고 권위적이기 짝이 없던 사람이 집안에서는 부인의 애정을 갈구하며 어린아이처럼 구는 경우를 많이 보고 듣게 됩니다. 사회적인 통념상 남자들은 언제나 강한 모습을 보일 것을 강요받습니다. 하지만 자신이 사랑하는 여자 앞에서는 무장해제 되어 위로받고 싶고 기대고 싶어하는 본성을 드러내는 것입니다.

　　어쩌면 남자야말로 세상에서 가장 외로운 존재인지도 모릅니다. 어딘지 고독해 보이는 남편의 뒷모습은 강한 척하느라 마음 놓고 애정을 갈구하지 못하기 때문인지도 모릅니다. 홀로 모든 것을 책임지느라 어디에도 무거운 어깨를 기대지 못해 쓸쓸한 것인지도 모릅니다. 남편의 이러한 고독과 끊임없이 사랑받고 싶어하는 결핍을 이해하고 채워줄 때, 여러분의 남편은 자신이 사랑하는 여인에게 영원한 충성을 맹세할 것입니다.

그럼 지금부터 남편이 아내에게 바라는 다섯 가지에 대해 알아봅시다.

첫째, 남편들은 성적 만족을 채워주길 원합니다.

남편이 원하는 첫 번째가 '성적 만족'이라는 점에 실망하는 여성들도 있겠지만, 실제로 남성의 성적 욕구는 여성이 상상하는 것보다 훨씬 강합니다. 인간의 성적 욕구를 관장하는 부분은 뇌의 시상하부에 있는데, 남성은 여성에 비해 시상하부가 매우 크고 이 부분을 활성화시키는 호르몬의 분비량도 훨씬 많습니다. 위에서 여성의 애정과 성적 욕구의 비율이 7 : 이라고 말씀드렸었지요? 재미있게도 남성은 반대로 애정과 성적 욕구의 비율이 3 : 7이라고 합니다. 여자들이 '애정 없는 섹스는 무의미하다' 고 말하는 것과 마찬가지로 남자들은 '섹스 없는 애정은 무의미하다' 고 생각합니다. 섹스를 통해서 남자는 심신의 안정과 자신감을 회복하고 아내에 대한 애정도 샘처럼 솟아납니다. 때문에 아내가 이런저런 이유로 계속해서 섹스를 거부한다면 남편은 불신과 분노를 느끼고 자존심에도 상처를 입습니다. 결국 아내에 대한 애정이 예선만 못하게 되겠지요.

　많은 아내들이 수시로 달려드는 왕성한 남편에게 '짐승'이라는 표현을 하던데, 이는 현명하지 못한 자세입니다. 섹스는 더러운 것이 아닙니다. 섹스야말로 두 사람만의 내밀하고 아름다운 언어입니다. 실제로 주기적인 섹스는 정서의 안정과 건강에도 도움이 됩니다. 아내가 남편의 성적 욕구를 이해하고, 섹스를 즐겁게 하기 위해 최선을 다할수록 의외의 스킨십과 애정표현의 증가를 가져와 부부 사이가 더 친밀해진다는 긍정적인 통계도 있습니다.

둘째, 남편들은 취미생활을 함께하기를 원합니다.

　"남자는 아무리 나이가 들어도 아이 같다"라고 많이들 말씀하십니다. 무언가 한 가지에 '꽂히면' 그것에만 집착하는 것도 그런 평가가 나오게 되는 이유입니다. 카메라나 시계, 안경 등 자신이 관심 있어 하는 분야에 새로운 물건이 나타나면 꼭 그것을 손에 넣어야 직성이 풀리는 남편들의 행동은 아내의 입장에서는 유치해 보일 때가 종종 있습니다. 새로 출시되는 게임에 열광하고 자신이 좋아하는 스포츠 경기의 결과에 열광하는 모습은 때로 한심해 보이기까지 합니다. 하지만 남성들은 아이들처럼 호기심이 많을 뿐 아니라 자신의 흥밋거리나 놀이를 파트너와 즐기고 싶어하는 욕구를 가지고 있습니다.

연애를 할 때는 여자들은 이러한 남성의 경향을 존중해주는 것처럼 보입니다. 야구장이나 낚시터에도 잘 따라다니고 ‘출장’ 를 가는 애인과 함께 당일치기 여행도 마다하지 않습니다. 하지만 결혼을 하면 달라지지요. 결혼 전에는 상대의 마음을 사로잡기 위해 남자와 같은 취미를 즐기는 것처럼 굴었던 여성들이 결혼하고 나서부터는 남편의 취미생활에 동행하는 것을 거부하는 경우가 많습니다. 귀찮아진 것이지요. 더구나 아이가 태어나면 아내는 엄마의 역할인 양육에만 전념하게 되기 때문에 이런 경향이 더더욱 커집니다. ‘평생 취미 생활을 함께할 수 있는 여자를 만났다’ 는 남편들의 착각이 산산이 깨어지는 것입니다.

가능하면 부부가 함께 정기적으로 외출을 하거나 같이 즐길 수 있는 ‘공동 취미’ 를 가지십시오. 주말마다 외출하는 남편을 둔 분들이 ‘주말 과부’ 라고 투덜거리는 경우가 많지만, 실은 남편들도 아내와 취미생활을 같이하고 싶어합니다.

셋째, 남편들은 아내가 매력적인 용모를 지니기를 원합니다.

자신의 배우자가 매력적인 사람이기를 바라는 건 남자나 여자나 마찬가지입니다. 더구나 시각적인 것에 약한 남자들의 경우 이러한 경향이 더욱 두드러지겠지요. 나이가 들어 얼굴이 늙어가는 건 피할 수 없는 현실로 받아들이지만, 자신의 아내가 중년의 아름다움을 갖춰 함께 걸을 때 자랑스럽게 여기길 바라는 것입니다.

더욱이 나이가 들수록 남편은 점점 멋있어지는데 아내는 펑퍼짐한 아줌마가 되어가는 부부를 많이 볼 수 있습니다. 남자는 경제적으로 안정이 되는 중년에 이르면 자신을 위한 투자를 시작하게 됩니다. 특히 이맘때면 사회적으로도 지위가 생기기 때문에 비즈니스를 위해서라도 자기 관리가 더욱 필요해집니다. 반면에 아내들은 살림과 육아에 지쳐 정작 자기 자신은 뒷전이 되기 마련입니다.

남편에게 지속적으로 사랑받고 대우받고 싶다면 그만큼 많은 노력이 필요합니다. 건강과 행복을 위해서라도 자기 관리에 게으르지 마십시오. 가혹하게 들리겠지만 이것이 남자들의 생각이고 진실이며 현실입니다. 행복은 노력하는 사람에게 찾아옵니다.

넷째, 남편들은 아내의 내조와 아늑한 가정환경을 원합니다.

요즘은 시대가 변해서 남편에게 집안일을 단호하게 요구하는 여성들이 많습니다. 물론 여성의 사회 참여가 늘고 양성 평등을 지향하는 사회에서 집안일을 분담하는 것은 당연한 일입니다. 그러나 아내가 남편에게 가사와 양육을 지나치게 강요하게 되면 남자들은 본능적으로 불쾌감과 거부감을 느낍니다. 강압적으로 가사 분담을 요구하는 아내에게 일단은 순순히 응해준다 할지라도 마음속에는 불만과 불쾌감이 쌓이게 되고, 이 때문에 아내에 대한 애정도 식어

간다는 것을 알아두어야 합니다.

이혼을 앞둔 남편들의 불만을 들어보면 상당수가 '결혼생활 내내 아침밥을 차려준 적이 없다'는 말을 합니다. 재미있는 점은 결혼 전에는 아침을 먹지 않았던 남자들도 같은 불만을 토로한다는 것입니다. 이는 곧 남자의 결혼생활은 '아내가 차려주는 아침밥'에서 시작한다는 걸 알 수 있습니다. 이는 남편의 마음속에 '내가 사회생활을 잘할 수 있도록 아내가 내조를 해주었으면 좋겠다'는 욕구가 있기 때문입니다.

다섯째, 남편들은 아내에게 존경과 칭찬 받길 원합니다.

사람은 모두 자신의 가치를 인정해주고 칭찬해주는 사람에게 호의를 가집니다. 특히 남성은 여성보다 그러한 경향이 강해서, 자신을 칭찬해주는 사람을 본능적으로 좋아하게 되고 그 사람을 위해서 무엇이든 해주고 싶은 마음을 갖게 됩니다. 어쩌면 남성이 일을 열심히 하고 가정적인 남편이 되려고 노력하는 것은 사랑하는 아내로부터 칭찬을 받고 싶기 때문일 것입니다. 결혼생활에 지쳐 더 이상 남편을 존경하지 않게 되었다는 분들을 많을 보게 됩니다. 칭찬할 구석을 찾으려야 찾을 수가 없다고 불평하시는 분들도 있습니다. 하지만 만약 뒤늦게라도 결혼생활을 원만하게 꾸려가고 싶은 욕심이 있다면, 남편에게 미리 칭찬의 말을 전해보세요. "당신이 하니

까 더 근사한 것 같아", "당신이라면 해낼 거야", "당신은 누구보다
현명하고 책임감이 있잖아, 당신을 믿어", "당신이 도와주니까 너
무 편했어, 고마워" 등등. 남자들은 단순해서, 칭찬과 격려에 영웅
심과 자존감이 발동하여 아내가 원하는 대로 행동하기 마련입니다.

다시, 돌싱

준비 없는 재혼, 재 이혼을 낳는다

한 번은 쉬워도 두 번은 어렵다

이것만은 꼭 명심하자

돌싱남에게 보내는 편지

돌싱녀에게 보내는 편지

아직 늦지 않았다, 새롭게 시작할 수 있다

준비 없는 재혼, 재이혼을 낳는다

'불행 끝, 행복 시작.'

재혼시장에서 흔히 통용되는 문구입니다. 이는 재혼을 앞둔 사람들이 가장 소망하는 바이기도 합니다. 재혼이 그동안의 불행을 종식시키고 행복을 가져다줄 것이라는 최소한의 믿음이 있는 것입니다. 사실 이런 믿음과 소망이 없다면 누가 재혼을 하려고 하겠습니까.

하지만 정말로 재혼을 하면 그동안 겪었던 모든 서러움과 어려움에서 벗어나 행복이 시작되는 걸까요? 통계에 의하면 미국의 경우 재혼커플 중 60%가 2년 안에 재 이혼을 한다고 합니다. 우리나라의 경우도 가정법원 관계자나 재혼전문회사 등의 추정에 의하면 70% 이상이 재 이혼을 하는 것으로 보고 있습니다.

도대체 왜 이렇게 재 이혼율이 높은 걸까요? 행복해지기 위해 재혼을 한 것일 텐데, 왜들 그렇게 빛의 속도로 다시 이혼하고야 마는 것일까요? 더구나 예순이 넘어 황혼재혼을 한 경우에도 재 이혼율이 무려 90% 이상 된다고 하니, 어안이 벙벙할 지경입니다.

재혼부부는 초혼부부에 비해 서로에 대한 신뢰의 강도가 훨씬 약할 수 있습니다. 열정적으로 사랑했다가, 혹은 맞춰볼 거 다 맞춰보고 했던 결혼에서 쓰라리게 실패한 경험이 있기 때문이겠지요. 사랑도 조건도 완전히 믿지 못하는 상태인 것입니다.

재혼에 성공한 커플들 중 상당수가 초혼 실패의 충격을 지우지 못하고 마치 '적과의 동침'을 하듯 마음 한구석으로 늘 이혼의 가능성을 염두에 두고 살아갑니다. 한쪽 눈은 계속 한눈을 팔고 있는 셈입니다. 자연히 재혼 생활을 최선을 다해 임하지 않게 되고, 이것은 재혼이 초혼보다 이혼할 가능성이 더 높은 이유 중 하나가 되고 있습니다.

두 번 이혼하는 부담감 때문에 우격다짐으로 재혼을 유지하는 사람들도 있지만 이런 경우 겪게 되는 정신적·경제적 고통은 대단히 심각합니다. 오히려 이럴 바엔 재혼을 하지 않는 편이 더 나았을 상황인 것입니다. 때로는 이렇게 재혼을 유지하기 위해 들이는 노력을 애초에 초혼 기간에 했더라면…… 하는 생각에 후회막심이 되기도 합니다.

그럼 재혼생활을 어렵게 하는 것들은 무엇일까요? 대체 무엇이 재혼을 재 이혼으로 이끄는 것일까요? 재혼에 실패한 사람들의 사례를 통해 원인을 살펴봅시다.

1) 외모나 경제력만 따짐

이혼남 A의 이상형은 눈이 크고, 날씬한 스타일이었습니다. 얼굴만 보고 결혼했다가 성격이 서로 안 맞아 이혼했음에도 여전히 외모를 따지는 것이지요. 결국 모델 출신의 돌싱녀와 재혼에 성공했지만 결혼 6개월 만에 이혼하고 말았습니다. 전처가 키우고 있는 아이들을 만나는 것을 노골적으로 싫어했던 것입니다. 외모를 따지기에 급급해 결혼 전 양육문제에 대해 전혀 논의하지 않은 탓이었습니다.

이혼남과 달리 이혼녀들은 경제적인 문제에 집착하는 경향이 많습니다. 성격도 취향도 외모도 상관없이 오로지 월 고정수입과 재산 정도만 확인하는 태도에 상대남들은 불쾌해지기 마련입니다. 어찌어찌 충분한 재산을 가진 남자와 재혼한 B씨. 하지만 재산 말고는 무엇 하나 마음에 들지 않는 남편에게 애정이 솟아날 리 없습니다. 결국 삭막하고 건조한 결혼생활을 하다가 위자료나 챙길 생각으로 다시 이혼하고 말았습니다.

외모나 경제력만 따지는 재혼은 정말이지 있어서는 안 될 최악의 재혼 케이스입니다.

2) 자녀 양육의 문제를 미리 합의하지 못함

딸이 둘 있는 여성 C는 남매를 둔 D와 재혼했습니다. C는 자신도 회사를 다니며 돈을 벌고 있는 만큼, 남편이 어느 정도 양육에 도움을 주리라고 생각했습니다. 하지만 남편은 경제적인 문제에서는 내 자식, 네 자식에 선을 확실하게 긋자는 태도로 나왔습니다. C는 그렇게 편을 가를 바에야 차라리 재혼을 안 하는 편이 더 나았다며 후회하고 있습니다. 재혼 후 두 배로 늘어난 집안 살림까지 하게 된 그녀의 삶만 더 힘들어졌을 뿐입니다.

이처럼 많은 재혼자들이 나를 사랑하니까 내 아이들도 사랑해주리라는 환상을 갖고 있습니다. 바람직한 일이지만 무조건적으로 바랄 수 없는 게 현실입니다. 무턱대고 믿기 전에 재혼 전 미리 충분히 상의하고 합의점을 도출해내야 할 것입니다.

3) 외로움으로 인해 성급한 판단을 내림

이혼을 하면서 위자료를 듬뿍 받아 풍족하게 살고 있던 E는 이혼남 F를 만나 한눈에 반했습니다. 전 남편의 폭력과 바람기로 인해 정상적인 결혼생활을 해보지 못한 E는 F의 번듯한 외모와 신사적인 매너에 끌려 서둘러 재혼했습니다. 그러나 행복한 재혼의 꿈은 물거품이 되고 말았습니다. 알고 보니 F는 좋은 남편감이 아니었습니다. 여기저기 빚이 많았고, 만나는 여자가 많은 플레이보이였습니다. 외로움과 결혼생활에 대한 판타지가 E의 판단력을 흐렸고, 다시

한 번 잘못된 선택을 하게 만든 것입니다.

4) 전 배우자와의 관계를 정리 안 함

50대 중반의 G는 나이 차이를 극복하고 30대 후반의 돌싱 여성과 재혼을 했습니다. G에게는 장성한 아들이 두 명이나 있었지만 새로 맞이한 아내를 사랑하는 마음에 또 아이를 낳고 싶어했습니다. 문제는 그의 헌신적인 사랑에도 불구하고 아내는 딴 마음을 품고 있었다는 사실이었습니다. G는 아내가 자신에게 거짓말로 돈을 타내 전 남편에게 양육비를 보내는 것을 알고 있었지만, 엄마니까 그럴 수도 있다고 이해했습니다. 그러나 아내가 아이를 핑계로 전 남편과 육체적 관계까지 맺고 있다는 것을 알게 되자 도저히 용서할 수 없었습니다.

H는 재혼하기 전 남편의 말, 즉 전처와의 아이는 미국에 살고 있는 시어머니가 키우고 있다는 말을 철석같이 믿었습니다. 하지만 결혼하고 나니 모든 것이 새빨간 거짓말이었습니다. 남편의 월급 대부분은 시어머니와 아이들의 생활비 및 양육비로 들어가고 있었고, 전처와도 몰래 만나는 등 수상쩍었습니다. 이에 대해 추궁하는 H에게 남편은 폭력을 행사했고, 결국 H는 재이혼을 결심할 수밖에 없었습니다.

이처럼 많은 재혼이 아이 양육 문제 등 복잡한 갈등 구조를 극복하지 못하고 재이혼으로 이어집니다.

5) 시어머니의 어긋난 사랑을 묵인

자녀 없이 이혼한 I는 아들 하나를 둔 돌싱남과 재혼했습니다. 시어머니는 새 며느리가 자기 손자를 구박하지 않을까 의심의 눈초리를 번뜩였습니다. I는 얼마 후 아이를 낳았지만 시어머니는 둘째 손자에게는 눈길 한 번 주지 않았습니다. 견디다 못한 I는 다시 이혼하고 말았습니다.

J는 재혼 몇 개월 만에 이혼한 케이스입니다. 교제 기간에는 크게 신경 쓸 필요가 없었던 시어머니가 재혼한 아들 집에 쉼 없이 들락날락거렸던 것이 원인이었습니다. 아들 입장에서는 전 배우자가 시어머니 모시는 것을 소홀히 했기 때문에 새사람이 잘해줄 것이라 은근히 기대했고, 시어머니 또한 이번에는 정실한 여자가 들어왔겠거니 했던 것입니다.

재혼을 하는 사람들은 내심 전 배우자 보란 듯이 이제야 자신에게 맞는 짝을 찾았다는 듯 흐뭇한 표정으로 재혼을 선언하고 새로운 희망으로 재혼생활을 시작합니다. 그랬던 사람들이 얼마 못 가

슬그머니 다시 이혼을 하고 머쓱한 얼굴로 두 번째 돌싱 생활을 시작하는 것입니다.

초혼 실패의 원인이 자신에게는 없다고 여겨 자아성찰을 전혀 하지 않았거나, 순전히 자기가 보고 싶어하는 부분만 보고 재혼을 결정한 것은 아닌지 따져보아야 할 일입니다.

재혼에서 기대해야 할 것은 부부가 함께 손을 잡고 서로 의지하며 평탄한 길이건 험한 길이건 같이 걸어가겠다는 동반자 의식이어야지 지금 내 불안한 처지를 개선하는 수단으로 여겨서는 안 되는 것입니다. 외로움 해소, 생활의 어려움 해소, 자녀 양육에 대한 기대 심리, 경제적 우산 등 모든 것에 대해 나는 최소한으로 희생하고 상대에게선 최대한의 만족을 얻으려 한다면 결과적으로 불안, 분노, 갈등, 외로움이 가중될 뿐입니다. 결혼은 이기적인 마음으로는 성공할 수 없다는 것, 이미 초혼의 실패로 뼈에 사무치도록 배운 것이 아니던가요?

한 번은 쉬워도 두 번은 어렵다

　첫 번째 실패에서 아무런 교훈을 얻지 못한 사람은 결국 재혼생활을 유지하지 못하고 재이혼을 하게 됩니다. 삼수생 생활은 이혼생활보다 더 비참하고 참혹하게 이어지기 마련이지요. 첫 번째 이혼 후에는 혼자 살아가야 한다는 과제 앞에서 전투력을 발휘하기 마련이지만 재이혼을 하게 되면 이러한 전투력마저 한 풀 꺾이기 마련입니다. 이혼은 위로의 말이라도 듣지만 재이혼은 어디 가서 변명도 하지 못하니 급기야 패배주의나 우울증, 지독한 허무주의에 빠져 무기력한 하루하루를 보내게 될 위험도 커집니다.

　도대체 뭐가 문제일까요? 자기성찰이 안 되는 사람이 재혼에 실패하는 것이야 당연한 귀결이겠지만, 이혼을 통해 충분히 학습이 됐다고 생각한 경우에도 재혼에 실패하게 된다면 상당히 당황스럽고 의기소침해질 것입니다. 이때쯤이면 한 가지를 의심해봐야 합니다.

　'혹시 사람 보는 눈에 문제가 있는 것은 아닐까?'

　폭력적인 남편이 싫어 이혼했는데 재혼 상대로 다시 주먹을 휘두르는 남자를 만나는 경우, 낭비벽이 있는 아내가 싫어 이혼했는데 또다시 경제관념이 없는 여자를 만나는 경우도 있습니다. 폭력성과 낭비벽만큼은 꼼꼼하게 따져서 골랐는데 같이 살다 보니 또 다른 심각한 결점을 가진 배우자인 경우도 많습니다.

부부간의 대화고 뭐고 도저히 인간의 노력으로는 어찌할 수 없는 최악의 조건을 가진 배우자들. 만약 나의 레이더망에는 어쩐지 자꾸 문제 있는 사람만 걸려든다면, 지금까지 고집해왔던 이성을 판단하는 기준을 모두 버려야 할 것입니다. 그리고 백기투항의 자세로 사람 보는 눈을 새롭게 기르는 수밖에 없겠지요.

다음에 제시해드릴 '좋은 신랑감, 좋은 신부감 판별법'은 제가 30여 년간 결혼생활을 해오며 나름대로 정리한 것들입니다. 아무런 통계적, 사회적, 학문적 근거는 없습니다만 최소한의 참고가 되어주리라 믿습니다.

좋은 신랑, 좋은 신부는 다시 말하면 좋은 사람이기도 합니다. 좋은 사람이 아니라면 좋은 남편, 좋은 아내도 될 수 없다는 것을 다시 한 번 명심합시다.

좋은 신랑감 판별법도 있나요?

[얼굴] 나이가 마흔이 넘으면 자기 얼굴에 책임 져야 한다는 말은

불변의 진리입니다. 잘생기고 못생긴 것은 중요하지 않습니다. 외모는 세월이 흐르면 다 거기서 거기입니다. 중요한 것은 '편안한' 인상입니다. 잘생기지 않았더라도 내게 편안하게 다가오는 얼굴이라면 아침마다 마주하는 일이 그리 고역은 아닐 것입니다.

[눈] 눈은 마음의 창입니다. 어딘가 켕기는 게 있는 사람은 상대방의 솔직한 시선을 제대로 받아내지 못합니다. 지나치게 이글거리는 눈으로 뚫어져라 쳐다보는 사람도 조심해야 합니다. 비뚤어진 심리의 소유자일 가능성이 높습니다. 황달기가 있는지, 핏발이 서 있는지도 주의 깊게 봅시다. 둘 다 생활습관이나 건강이 좋지 않다는 신호입니다.

[걸음] 걸음걸이를 눈여겨봐야 합니다. 어깨를 펴고 허리를 곧게 세우고 똑바로 당당하게 걷는 사람은 대개 성품도 인생관도 강직합니다. 신체에 어디 불편한 곳은 없는지 미리 간단하게 체크해볼 방법이기도 합니다.

[행동] 음식점 종업원, 길가의 고양이, 작은 동물 등에게 함부로 구는 남자는 당장 버리십시오. 그런 남자는 자기보다 약하다고 생각되는 그 누구에게라도 똑같이 비열하고 무례하게 행동할 사람입니다. 열정적인 사랑이 식는 순간 당신도 예외는 아닙니다.

[대화] 다른 사람의 말에 귀를 잘 기울이는 사람을 만나십시오. 자기 할 말만 일방적으로 떠드는 사람, 매사 말투가 명령조인 사람은 끝이 뻔하니 피하십시오. 또 연애초반에는 남자건 여자건 서로 즐

거운 대화를 나누는데 총력을 기울이기 때문에 '말이 통한다' 고 쉽게 오해할 수 있습니다. 정말로 말이 통하는 사이인지 알고 싶다면 정치나 종교와 같은 민감한 소재를 꺼내보아야 합니다. 일부러 반대되는 의견을 내놓아 반응을 살펴봅시다.

[음식] 아무거나 잘 먹는 남자인지도 중요합니다. 살다 보면 가장 밉살스러운 모습 중의 하나가 반찬 투정을 부리는 것입니다. 무엇이든 감사해하며 맛있게 잘 먹는 남자, 아내의 허물까지도 감싸 안을 수 있는 포용력을 말해주기도 합니다. 주의해야 할 것은 지나치게 식탐을 부리는 사람은 피해야 한다는 것입니다. 다른 무엇보다 식욕을 채우는 게 1순위인 사람에게는 사랑도 책임도 음식 앞에서 무용지물일 뿐입니다.

[친구] 남자의 성격을 좀더 정확하게 파악하고 싶다면 그의 친구를 꼭 만나보시기 바랍니다. 유유상종, 끼리끼리 모이는 법이라 친구들만 봐도 그의 됨됨이를 알 수 있습니다. 또 사랑의 콩깍지 때문에 내 남자한테서는 보이지 않던 결점도 친구들에게서는 발견할 수 있습니다.

[여행] 좋은 신랑감인지 확실하게 알아볼 수 있는 필살기입니다. 여행을 하며 맞닥뜨릴 수 있는 여러 가지 돌발상황에 그가 어떻게 대처하는지 보면 책임감의 유무, 융통성, 기본적인 인성, 나에 대한 사랑의 정도를 보다 분명하게 확인할 수 있습니다. 편안한 휴가보다는 배낭여행을, 자동차 여행보다는 걷는 여행을 추천합니다.

[술버릇] 결혼을 염두에 두고 있다면 한번쯤 진탕 술을 먹여볼 필요가 있습니다. 평소에 술을 마시지 않는 성격이라면 모르지만 술을 자주 즐기는 사람이라면 한번쯤 취한 모습을 확인해둬야 합니다. 숨겨두었던 폭력성이나 변태성은 없는지 미리 알아볼 수 있습니다.

좋은 신부감 판별법도 있나요?

[얼굴] 남자는 여자를 볼 때 첫째도 외모, 둘째도 외모를 따진다고 하지만 제아무리 미인도 삼 개월이면 질리기 마련입니다. 눈 코 입의 생김새를 따지기보다는 정감 가는 얼굴인지 아닌지를 더 염두에 두십시오. '볼매(볼수록 매력적임)' 있는 여성이 최고입니다.

[눈]~[행동], [친구] 부분은 '좋은 신랑감 판별법'과 동일합니다.

[대화] 여자란 원래 워낙 수다를 좋아하는데, 그 수다의 대부분을 앞집 여자 이야기, 아이들 이야기, 쇼핑 이야기로만 채운다면 듣는 당신은 조만간 미쳐버릴지도 모릅니다. 신문과 뉴스를 열심히 보는지, 문화, 경제, 역사 전반에 대한 지식이 어느 정도인지, 사회문제에 꾸준히 관심을 기울이고 있는지 대화를 통해 꼭 확인해 봅시다.

[패션] 단돈 몇 만 원짜리를 입어도 백화점 브랜드 옷처럼 연출하는 여자분을 잡으십시오. 큰 비용 없이도 멋을 낼 줄 아는 그녀라면 정해진 비용으로도 생활을 풍요롭게 꾸밀 줄 아는 지혜로운 여성일

것입니다.

[더치페이] 때로는 계산대 앞으로 먼저 가서 지갑을 열 줄 아는 여자는 어려운 일이 닥쳤을 때 남편에게만 매달려 징징거리지 않고 당당히 한 몫을 해낼 것입니다.

[가방] 모든 여자들이 명품백을 선호하는 것은 아닙니다. 명품백을 살 돈으로 여행을 가거나 자기계발에 투자하겠다는 여성도 많습니다. 만약 데이트를 하러 나올 때마다 각기 다른 명품백을 들고 온다면, 당신이 감당하지 못할 정도로 씀씀이가 헤플지 모르니 주의해야 합니다.

[방] 그녀의 살림솜씨를 확인하고 싶다면 그녀가 사는 집을 찾아가보십시오. 살림살이가 깔끔하게 정돈되어 있는지, 욕실과 조리대 위가 깨끗한지, 집안에서도 단정한 모습으로 있는지 확인해 봅시다. 지금 그 모습이 앞으로 평생 보게 될 모습일 확률이 매우 높기 때문입니다.

어떠십니까. 저의 보잘것없는 소소한 팁들이 조금은 도움이 될 수 있겠는지요?

한 가지 재미있는 사실은, 운 좋게 삼혼에 성공한 사람들은 거의 이혼을 하지 않는다는 것입니다. 오랫동안 재혼 시장에서 일어나는 현상에 대해 관찰한 결과로 발견한, 특이하다면 특이한 현상입니다. 삼혼자들은 두 번의 이혼과 고달픈 홀로서기에서 기가 죽은 것인지 철이 든 것인지, 세상 욕심을 내려놓은 듯한 도인의 풍모마저 보이는 경우가 많습니다. 이런 삼혼자들이 흔히 하는 이야기가 있습니다. 바로 "곁에 사람이 있는 것으로 족하다", "배우자에게 딱히 바라는 것이 없다"는 말입니다.

초혼을 실패할 때는 미처 깨닫지 못했던 '그 무엇' 인가를, 재 이혼을 하게 되고 삼혼에 이르면서는 '그 무엇' 에 대한 오류를 깨닫고 결국 잘못된 부분을 수정한 것일까요? 기왕이면 재혼에 실패하기 전에, 아니 초혼에 실패하기 전에 깨달았더라면 참 좋았을 텐데 말입니다.

만약 당신이 재혼에 처절하게 실패했다면, 내가 과연 결혼에 어울리는 사람인지 진지하게 따져볼 필요가 있습니다. 어쩌면 당신은 당신의 기대와 달리 전적으로 싱글에 어울리는 사람일 수도 있기 때문입니다.

결혼에 어울리는 사람의 조건은 대략 다섯 가지를 들 수 있습니다. 물론 절대적인 기준이라기보다 권유사항이니 참고해주기 바랍니다.

첫째, 양성평등 인식을 가지고 있어야 합니다.

남녀에 대한 차별 의식이나 우월 의식을 가진 사람은 결혼하지 않는 편이 좋습니다. 결혼생활도 망치고, 배우자도 힘들게 하고, 결과적으로 자신도 힘들어집니다. 그냥 독신으로 살면서 자신의 우월 의식을 마음껏 뽐내고 사는 게 개인으로 보자면 더 행복한 인생일 것입니다.

둘째, 대화에 능해야 합니다.

아무리 강조해도 지나치지 않은 부분입니다. 대화를 잘한다는 것은 말을 잘한다는 의미가 아닙니다. 말을 잘 듣고 받아들이며 이해하는 능력입니다. 즉 대화는 입의 능력이 아니라 머리와 마음의 능력이라고 할 수 있습니다.

대화 없는 결혼 생활이란 불행한 결혼으로 가는 초석이자 지름길입니다. 만약 당신에게 대화의 기술이 부족하다고 느낀다면 누군가를 만나서 다시 결혼하기 전에 꼭 고치도록 노력해야 할 것입니다.

셋째, 욕구를 자제할 줄 알아야 합니다.

현재 우리나라의 결혼 제도는 일부일처제입니다. 그리고 앞으로도 바뀔 가능성이 거의 없습니다. 그러니 성욕을 자제하지 못하고 자신의 욕구를 채우는 데에 급급할 것 같으면 화려한 싱글이 되어서 자유롭게 섹스를 즐기고 사는 게 낫습니다. 결혼 후 외도하는 것은 불법일 뿐 아니라 여러 사람에게 크나큰 심리적 충격과 민폐를 끼치게 되는 못난 짓입니다. 성욕뿐만이 아닙니다. 지금 음주, 폭력, 도박 등 유희에 빠져 있다면, 그리고 그러한 욕망을 절제하지 못할 것 같으면 반드시 혼자 사는 삶을 선택해야 할 것입니다.

넷째, 직업과 경제력이 있어야 합니다.

여자들이건 남자들이건 상대 배우자에게 기대서 생활을 영위할 생각은 애초부터 하지 말아야 합니다. 결혼을 재테크의 일종처럼 여기는 것, 미모와 젊음을 대가로 경제적 안락을 바라는 것은 심하게 말해 노예근성이나 다름없는 것입니다.

다섯째, 상대방을 배려하고 이해할 줄 알아야 합니다.

결혼은 지속적인 배려와 이해의 과정입니다. '나'도 중요하지만 상대 배우자도 중요합니다. 내 멋대로 하면서 살고 싶다, 배우자는 무조건 내 말을 따라줘야 한다, 이런 마인드를 지닌 사람이라면 평생 혼자서 사는 것을 고려해보십시오. 권리만 알고 의무는 모르는 사람은 결혼해서는 안 됩니다.

돌 싱 남에게 보내는 편지

　　오랜 세월 동안 유교적 가치에 지배받아왔던 우리 사회는 현재에 이르러서는 서구적 가치관과 전통적 가치관이 뒤섞여 매우 혼란스러운 가운데에 있습니다. 정치·사회 구조와 생활의 많은 것들이 서구화되었고 문화도 그러하지만, 결혼과 가정의 문제에서만큼은 유독 보수적인 관념과 관습이 그 어느 영역보다 강하게 작용하고 있는지라 신·구간에, 또 남녀간에 더더욱 첨예한 갈등이 빚어지고는 합니다. 농경시대에 걸맞았던 가부장적 관습이 디지털시대에도 끈질긴 생명력을 이어가고 있는 것입니다.

　　여러분이 이미 알고 있다시피, 똑같은 가정 문제를 놓고도 성별과 세대별로 커다란 시각 차이가 존재합니다. 할머니와 어머니 세대, (전)아내 세대, 그리고 자녀세대와 같은 시대 공간에 존재하지만 전혀 다른 가치관을 지니고 있고 따라서 서로 사뭇 다른 관점으로 현실을 보고 있습니다.

　　할머니 세대는 결혼이란 말보다 '시집간다' 는 말에 익숙한 세대입니다. 혼인은 곧 친정과는 남이 되는 것을 의미했고, 시집에는 몸과 마음을 다 바쳐 헌신하는 것이 당연했던 분들입니다. 할머니 세대에겐 소박맞는 일은 있을지언정 이혼이란 것은 언감생심 꿈도 꿀수 없는 일이었습니다. 남편과 아들은 하늘 그 자체였고, 집안에서누릴 수 있는 권리라고는 아들의 어머니로서 며느리를 호령하는 정도뿐이었습니다.

어머니 세대는 조금 다릅니다. 여전히 강력한 가부장제의 영향권하에서 자라난지라 전통적 가치관에 크게 거부감은 없지만, 나이가들수록 외부에서 유입된 선진물물에 자극을 받아 부당한 삶에 대해실감하게 되고, 자신의 삶은 어찌할 수 없더라도 딸들은 자신과 다르게 살기를 소망하게 된 세대입니다.

오늘날의 젊은 여성들(여러분의 전아내, 현재의 애인 혹은 아내가 될 사람들)은 그런 어머니를 보고 자랐습니다. 어머니의 부당한시집살이에 분노하고, 그것에 아무런 도움을 주지 않는 아버지를원망하며 '엄마처럼 살지 않을 것'을 다짐하고 또 다짐하며 자란 세대입니다. 게다가 아내의 편은 되어주지 못했던 그들의 아버지도딸들에게만큼은 강력한 지원군이 되어주었습니다.

오늘날의 30~40대 남성들을 보면 어머니의 삶에 대해 연민과 존경을 표하는 경우가 많습니다. 자식들이나 집안일에 냉담했던 아버지에 대한 원망이 클수록 어머니에 대한 애정은 절대적인 경우가많습니다. 물론 여러분들 어머니의 삶은 존경받아 마땅합니다. 하지만 문제는 여러분이나 여러분의 아내 될 사람이 어머니의 삶을 보상해줄 수 없다는 사실입니다. 어머니의 삶이 고된 것일수록 자신이 그것을 보상해야 한다고 생각하고, 아내 또한 그것에 동참해서 어머니를 받들어주고 이해해주기를 원하는 남자분들이 많습니다. 그리고 이런 상황은 부부갈등의 커다란 요인으로 작용합니다.

결혼한 후 아내가 겪는 명절증후군에 대해서 전혀 이해하지 못하는 것은 아니지만, 자신도 어쩔 수 없는 문제이니 아내가 현명하게 처신하여 큰 문제를 만들지 않고 조용히 넘어가 주기를 바라는 것이 이 세대 남성들의 일반적인 심리일 것입니다. 여기에는 우리 어머니, 할머니들도 해온 일인데, 아니 몇 배는 더 힘들게 해온 일인데 당신이라고 새삼스럽게 못할 게 무엇이 있는가 하는 심리도 작용하고 있습니다.

아내가 이런저런 불편이나 부당함을 겪는 것은 안됐지만, 그래도 가부장적 관습의 수혜자로서 자그마한 기득권이라도 포기한다는 것은 보통의 남성들로서는 결코 쉬운 일이 아닙니다. 그런데 흥미로운 점은 똑같은 경우를 자신의 딸에게 적용할 때는 남성분들도 현저하게 다른 태도를 보인다는 사실입니다.

어느 젊은 남자분이, 결혼식 때 신부 입장을 하는데 장인이 너무 너무 섭섭해 해서 오히려 자신이 민망했다는 이야기를 한 적이 있습니다.

"제가 뭐 당신 딸을 잡아먹을 것도 아닌데, 장인어른이 눈물까지

글썽이시면서 아내를 데려오시는 거예요. 이해는 갔지만 좀 심한 게 아닌가 하는 생각이 들었었죠, 솔직히."

그런데 얼마 후 딸이 태어나자 그의 생각에 변화가 왔습니다. 아직 채 돌도 되지 않은 어린 딸이 얼마나 예쁘고 소중하던지 퇴근하기 무섭게 집으로 달려가 아이랑 놀아주느라 시간 가는 줄 모른다고 했습니다.

"제가 하도 유난을 떠니까 집사람이 그러다 나중에 시집은 어떻게 보낼 거냐고 하더라고요. 시집은 무슨 시집, 평생 내가 끼고 살 거다, 그랬는데 갑자기 결혼식 때 장인어른의 모습이 생각나는 거예요."

그러면서 그는 돌연 진지해진 얼굴로 이렇게 말을 이어갔습니다.

"집사람이 명절이며 제사 때 시댁에 가서 힘들게 일하는 걸 안쓰럽게 생각하면서도 당연히 해야 할 일이라고만 생각했는데, 나중에 제 딸이 결혼해서 지금의 아내처럼 살 거라고 생각하니까 정신이 번쩍 드는 기분이더라고요."

머리로는 이해하지만 가슴으로는 받아들이지 못했던 남녀불평등의 현실을, 딸의 문제로 바꾸어 생각하니까 비로소 깨닫게 된 젊은 아빠의 이 같은 증언이, 지금 이 글을 읽는 남성분들에게 어떤 깨달음이 될 수 있겠는지요.

급변하는 세상에서 유독 결혼한 여성에게 강요되는 가치관만큼은 조선시대와 크게 다르지 않은 오늘날, 어머니의 삶을 연민으로 이해하듯, 그리고 어린 딸들이 장차 살아가게 될 세상이 지금보다는 조금은 더 평등한 세상이기를 바라듯, 여러분의 아내 될 사람의 현재를 염려하고 이해해주었으면 좋겠습니다.

당신과 결혼할 여성 혹은 당신과 결혼했던 여성은 오로지 '당신 하나' 만 보고 결혼을 결정한 것입니다. 당신 가족의 또 다른 일원이 되기 위해서가 아니라 오로지 당신의 아내가 되고 싶어서, 당신과 인생을 함께하기 위해 결혼했고, 결혼할 거라는 말입니다.

결혼을 하게 되면 당연히 나와 혈연이 닿지 않은 무수한 사람들과도 가족이란 이름으로 얽히게 되지만, 결혼이란 남편의 가족을 섬기는 것이 목적이 아니라는 사실을 알아야 합니다. 당신을 사랑하기 때문에, 당신의 가족에게도 최선을 다하고 싶은 마음이 우러나는 것입니다. 만약 여러분이 시댁에 대한 아내의 헌신을 당연하게 생각하고 일방적으로 요구한다면, 이것은 아내에게 크나큰 고통이자 슬픔이 될 수밖에 없습니다. 이 점을 제대로 이해할 때에야 비로소 아내와 여성에 대한 진심 어린 이해가 시작될 수 있을 것입니다.

결혼을 통해 아내가 남편 가족의 일원이 된다고 생각한다면, 마찬가지로 남편도 아내 가족의 일원이 된다는 당연한 사실도 받아들여야 할 것입니다. 아내가 시부모를 공경하고 극진하게 모시기를 원한다면, 남편 또한 처부모를 똑같이 모시려는 마음의 자세를 갖추어야 합니다. 평등이란 하나를 주고 하나를 받는 식의 계산의 문제가 아니라, 두 곳에 같은 가치를 부여하는 것이기 때문입니다.

돌싱녀에게 보내는 편지

과거 여성을 억압했던 많은 요소들이 현재는 눈에 띄게 개선되었고, 최소한 겉보기로는 사회 전반에 걸쳐 여성과 남성은 같은 지위를 차지하게 되었습니다. 또한 많은 여성들이 부당한 권리의 침해에 대해 예민한 감각을 가지게 되었고, 더 이상 참는 것을 미덕으로 여기지 않게 되었으며, 문제를 공론화하고 해결방안을 찾기 위한 행동에도 적극적으로 나서고 있습니다.

특히 요즘의 젊은 여성들을 보면 양성평등과 부부평등에 대해 놀라우리만큼 해박하고 똑똑한 모습에 감탄을 할 때가 많습니다. 그러나 한편으로는 젊고 아름다운 여성들의 극단적인 이기심과 묘한 이중성에 새삼 놀라는 때도 많습니다.

십 수 년 전만 해도 가정문제의 주된 원인은 남편들이 제공했더랬습니다. 이혼의 원인도 거의 대부분이 남편들의 외도와 폭력, 시댁의 횡포 등이었습니다. 여성은 사회적으로 최하층에 위치하고 있었고, 때문에 많은 여성들이 속절없이 참고 사는 것을 미덕으로 알았던 시대였습니다.

여전히 우리 사회에서 여성은 엄밀히 말해 약자이며 억울한 피해자가 되기 쉽습니다. 그러나 요즘의 여성들은 사회 구조와 관습의 피해자이면서도 어떤 측면에서는 새로운 문제의 원인 제공자가 되고 있기도 하는 게 현실입니다.

오늘날 결혼이란 성인인 여성과 성인인 남성이 만나 그들의 가족으로부터 정서적·경제적으로 독립해 하나의 새로운 가족을 형성하는 과정입니다. 그런데 요즘의 여성들이 말하는 이상적인 결혼이나 실제로 시도하는 결혼 행태를 보면 진정으로 그들이 부모로부터 정서적?경제적 독립을 이루고 온전한 성인으로서 결혼생활을 시작한다고 말할 수 있는 경우가 그리 많지 않다는 것을 알게 됩니다.

어머니 세대와 달리, 단지 딸이라는 이유로 차별을 당하는 일 없이 키워진 오늘날의 딸들은 과거의 딸들에 비해 오히려 어떤 경우 훨씬 의존적입니다. 과거 고부 갈등으로 표현되던 가족 내 갈등이 이제는 처가와 사위의 갈등으로도 나타나고 있는 작금의 상황을 보면 결혼 속에 내재되어 있는 구조적 갈등이 남녀성차별 개선과 함께 나아지기는커녕 오히려 더 복잡해지고 어려워졌다는 생각마저 듭니다. 부부 사이에 갈등이 생기면 먼저 두 사람이 해결하기 위해 노력해야 합니다. 괜히 섣부르게 친정에 문제를 알리면 쉽게 풀 수 있는 문제를 괜히 크게 만드는 것밖에 안 됩니다. 극단적인 개인주의의 면모를 보이며 시집은 물론 친정에 대해서도 인연을 끊다시피

거리를 유지하고, 오로지 내 남편과 내 자식에게만 연연하기도 합니다. 결혼을 하고 부모가 된다는 것은 내 부모, 나아가 남편의 부모에까지 이해의 폭을 넓혀가는 과정일진대 반대로 오직 세상에는 나와 남편, 우리 아들과 딸밖에 없다는 식이라면 너무 이기적인 태도가 아닐까요. 결혼의 중심은 부부 두 사람인 것은 사실이지만 그렇다고 해서 부모자식 관계나 형제관계가 사라지는 것은 아닌데 말입니다.

심지어 어떤 경우에는 시댁에서 받을 수 있는 건 다 받고, 시부모가 가진 재산에는 눈독을 들이면서도 그에 상응하는 도리는 내팽개치고 나 몰라라 하는 분들도 종종 볼 수 있었습니다. 의무는 지려 하지 않고, 권리만 누리려고 하는 것입니다.

권리를 누려야 할 때는 평등을 부르짖고, 의무를 이행해야 할 때는 연약한 여성이라는 점을 내세우는 일부 여성들…… 하루 빨리 이런 이중적이고 모순적인 태도를 바꾸지 않으면, 진정으로 삶의 균형을 이루며 행복하게 사는 길은 요원할 수밖에 없습니다.

스스로를 천박하게 만드는 일이며, 값어치를 떨어트리는 일입니다. 다음 세대의 여성들에게, 즉 여러분의 딸들에게 크나큰 손해를 끼치는 일이기도 합니다.

어른스럽고 현명한 남성과 결혼하고 싶다면 여성들도 먼저 정서적·경제적으로 독립된 어른이 되어야 할 것입니다. 책임을 다하는 남성과 결혼하고 싶다면, 여성들도 먼저 책임을 다하는 자세를 갖추길 바랍니다.

아직 늦지 않았다, 새롭게 시작할 수 있다

　꼭 재혼해야만 행복해지는 것을 결코 아닙니다. 누군가의 온기가 없어도 스스로 행복을 만들 능력이 있다면 혼자 살더라도 얼마든지 행복해질 수 있습니다. 어차피 인생은 혼자서 책임지는 것입니다. 다른 사람이 나를 행복하게 해주기를 바라는 것은 어리석고 유아기적인 발상에 불과합니다.

　다행히 요즘은 과거와 달리 이혼 후 독신자에 대한 편견이 많이 사라졌습니다. 확실히 요즘은 기혼 여부보다는 개인적인 능력을 더 높이 평가하는 사회입니다. 이혼했다고 해서 주눅들 필요 없으며, 죄인처럼 행동할 필요도 없습니다. 자신을 인생의 실패자나 낙오자로 간주할 필요도 없습니다.

　결혼도 어렵지만 싱글 라이프도 만만치 않게 어렵다는 것 잘 아실 겁니다. 독신생활을 지속하기로 마음먹었다면 자신이 그것에 어울리는 사람인지 먼저 따져볼 필요가 있습니다. 독신에 어울리는 사람의 조건도 대략 다섯 가지로 정리해볼 수 있습니다. 역시 권고 사항일 뿐이니 좌절은 금지입니다.

첫째, 경제력이 있어야 합니다.

결혼에 어울리는 사람의 조건에도 나왔던 항목입니다만 이번에는 중요도가 으뜸입니다. 결혼하면 둘 중 하나가 경제력이 좀 떨어져도 보완이 되지만 혼자 먹고 살아야 하는 독신에게는 현재 생활은 물론 노후까지 대비해야 하므로 든든한 경제력이 필수입니다. 직업은 월급이 안정적이고 되도록 오래 일할 수 있는 것이 좋습니다. 지금은 100세 시대입니다. 50세에 퇴직한다고 해도 인생의 절반이 남게 됩니다. 나이가 들어도 어느 정도 소득을 올릴 수 있는 방법을 미리미리 준비해 두어야 합니다. 자신의 적성을 빨리 찾아내 그것에 집중하여 역량을 키우는 것도 필요합니다.

둘째, 성에 대한 욕구를 원활하게 해결할 수 있어야 합니다.

혼자 살기로 마음먹는다고 해서 성욕까지 사라지는 것은 아닙니다. 성욕은 인간의 가장 자연스러운 욕구인 동시에 우리의 일상에 매우 강력한 영향력을 행사하는 기본 욕구이기도 합니다. 성욕을 원활하게 해결하지 못한다면 독신 생활은 더욱 외롭고 고달플 것입니다. 수도승처럼 참는 것만 능사는 아니니 안전하고 합리적으로 성욕을 해소할 여러 가지 방법을 적극적으로 모색합시다.

셋째, 외로움을 즐길 줄 알아야 합니다.

돌싱은 혼자서 많은 것을 감당해야 하는 만큼 외로움을 감당하지 못하면 여러모로 곤란합니다. 혼자 있는 시간을 견디지 못하는 성격이라면 당연히 독신생활을 재고해보아야 할 것입니다. 독신자에게 무엇보다 중요한 것은 친구입니다. 가까이에 언제든 만날 수 있다는 친구를 두십시오. 내가 아플 때 당장 달려와 줄 수 있는 정도의 우정이어야 합니다. 다양한 커뮤니티를 통해 사람들과의 교류의 끈을 놓지 맙시다.

넷째, 무엇이든 혼자서도 잘해야 합니다.

혼자 식사하러 레스토랑에 가거나 혼자 영화 보러 극장에 가는 일이 불편하지 않아야 합니다. 여행도 쇼핑도 혼자서도 즐겁게 할 수 있는 사람이 싱글 라이프를 만족스럽게 꾸려갈 수 있습니다. 다행이랄까요. 요즘은 어디에서나 혼자 식사를 하거나 극장에 온 분을 볼 수 있습니다. 여행지에서 혼자 오신 분들을 만나는 것도 이제는 별스러운 일이 아닙니다. 지금의 세상은 독신자에게 관대합니다.

다섯째, 스스로에 대한 애착이 강해야 합니다.

결혼한 사람에게는 자아도 중요하지만 가족 전체의 행복과 성취 역시 중요한 목표가 됩니다. 하지만 돌싱들에게 목표는 오로지 자기 자신이 되어야 합니다. 자신만을 위한 삶을 만족스럽게 살기 위해서는 목표에 대해 충실할 수 있는 열정과 노력이 더더욱 필요합니다. 툭하면 자괴감에 빠지고 스스로를 경멸하는 버릇을 가진 분이라면 독신생활에 어울리지 않는지도 모릅니다. 거울을 볼 때마다 "넌 예뻐", "넌 멋있어", "넌 잘될 거야" 하고 스스로에게 애정 넘치는 칭찬을 해줍시다. 실제로 자긍심을 높이고 긍정의 에너지를 불어넣는 효과가 있습니다.

이상의 다섯 가지 요건을 갖추었다면 혼자 살아볼 만한 최소한의 조건을 갖추었다고 할 수 있습니다. 세상은 싱글에게도, 더블에게도 만만하지 않은 법이지만, 주어진 삶에 용감하게 맞설 자세만 갖추고 있다면, 우리의 인생은 그에 걸맞은 보상 – 영혼의 성장이건, 사회적 성공이건, 정말로 운명의 짝을 만나게 되건 – 을 언제건 우리에게 선사해줄 것입니다.

모든 것은 '나'에게 달렸다

언젠가 남녀간의 사랑을 다룬 책을 읽다가 무릎을 친 대목이 있었습니다. 독일의 어느 심리학 연구소가 젊은 남녀들을 대상으로 오랫동안 행복지수를 추적한 연구였는데, 세월의 흐름에 따라 연구대상자들의 대부분이 결혼을 했고, 또 세월의 흐름에 따라 그 중 상당수가 이혼을 한 과정을 따라가며, 그들의 행복지수를 계속해서 표본화한 자료였습니다.

확실하게 기억나는 것은 결혼 후 행복하지 않다고 느낀 사람들은, 결혼 전에도 행복하지 않은 사람들이었다는 것이었습니다.(이들은 신혼생활 몇 년 동안은 행복지수가 크게 올랐지만 이후 급격히 하락해 결혼 전보다 행복지수가 떨어지는 경향을 보였습니다) 반대로 결혼하기 전에도 삶의 만족도가 높고 행복지수가 높았던 사람들은, 결혼 후에는 행복지수가 더 높거나 비슷했으며, 이혼에도 이르지 않은 것으로 나타났습니다.

개인적으로는 무척 놀라운 연구 결과였습니다. 결국 불행한 결혼

생활이라는 것은 상당 부분 상대방이 아니라 '나에게' 책임이 있다
는 것을 말해주는 것이었으니까요. 배우자의 도박, 주사, 외도, 폭력
과 같은 심각한 문제들은 제외하고 말입니다.

　많은 사람들이 결혼을 해도 행복하지 않다고 말합니다. 행복하지
않은 결혼은 잘못된 것으로 여깁니다. 하지만 이제는 여러분도 알
게 되었듯이, 결혼은 행복해지기 위한 방법도 수단도 될 수 없습니
다. 결혼은 그 자체로 통과의례요 시험입니다. 인생을 한 단계 성숙
시키기 위한 고난인 것입니다.

　결혼이 애초부터 행복에 도달하기 위해 거쳐야 할 장애물과의 뛰
어넘기 연속이라는 사실을 인정하고 받아들인다면, 고통을 이겨낼
방법을 찾으려 애쓰게 되겠지요. 부부싸움도 결혼생활을 더욱 훌륭
하게 발전시킬 수 있는 기회로 삼을 수 있는 여유가 생깁니다. 그렇
지만 그러한 엄연한 사실을 배우지 못해서, 결혼의 진실한 속성을
깨닫지 못해서 많은 사람들이 불행을 행복으로 바꿀 소망을 꿈꾸며
오늘도 이혼 법정으로 향하고 있습니다. 그리고 시간이 흐르면 흐
를수록 어리둥절한 얼굴로 묻습니다.

　"왜 이혼을 했는데도 행복해지지가 않죠? 인생의 짝을 만나는 것
이 왜 이렇게 힘든가요? 남들처럼 평범하고 행복하게 살고 싶은데,
그런 결혼생활은 없는 것일까요?"

　내가 먼저 행복해집시다. 그러자면 내가 어떤 사람인지 정확하게

파악하는 것이 중요합니다. 남들이 하는 대로 따라하는 것으로는, 세상의 기준을 닮으려고 노력하는 것으로는, 나다운 행복의 길은 요원하기만 합니다. 진심으로 행복한 사람은 홀로 있어도 당당합니다. 고달픈 삶 속에서도 웃을 수 있습니다. 앞이 보이지 않는 막막한 현실도 언젠가는 지나가리라, 확신할 수 있습니다. 그리고 그런 사람은 언제나 빛이 납니다. 그 빛을 알아보는 사람들이 분명히 나타납니다.

이 세상의 거의 모든 사람들이 결혼을 갈망합니다. 그리고 막상 결혼을 하고 나면 미혼이었을 때 훨씬 더 행복했다는 것을 뒤늦게 깨닫습니다. 결혼이 얼마나 많은 책임감을 필요로 하는지 비로소 경험하기 때문이죠. 싱글 시절의 자유로움은 돈으로도 살 수 없었던 소중한 것이었습니다.

그리고 이제, 당신은 다시 싱글 시절과 같은 자유를 얻게 되었습니다. 나만을 위해 시간을 쓰고, 물질을 쓰고, 나 자신에게 집중할 수 있는 기회를 다시 한 번 갖게 되었습니다. 이 시간을 어떻게 보내느냐에 따라 당신이 꿈꾸는 미래는 신기루가 될 수도, 단단한 현실이 될 수도 있을 것입니다.

이제, 절망은 더 이상 당신의 것이 아닙니다.

참고도서

《결혼 전에 꼭 알아야 할 12가지》 게리 채프먼 지음 | 김태곤 옮김 | 생명의말씀사

《남성의 이혼 그리고 홀로서기》 노정자 지음 | 이담북스

《남자의 결혼 여자의 이혼》 김혜련 지음 | 도서출판 또하나의문화

《당신의 아이가 울고 있다》 엘리자베스 마쿼트 지음 | 홍경민 옮김 | 북로드

《싱글, 행복하면 그만이다》 우에노 치즈코 지음 | 나일등 옮김 | 이덴슬리벨

《이럴 거면 나랑 왜 결혼했어?》 이수경 지음 | 라이온스북스

《이혼이야기》 김영철 지음 | 아카데미아

《재혼하면 행복할까?》 양영제 지음 | 다밋

《짝, 사랑》 황상민 지음 | 들녘

《혼자 걷다》 데비 포드 지음 | 추미란 옮김 | 민음인

《결혼大사기극》 김용숙 지음 | 글로세움

MEMO

돌싱으로 살아가는 즐거움

1판 1쇄 인쇄 | 2013년 08월 05일
1판 1쇄 발행 | 2013년 08월 10일

지은이 | 이경숙
발행인 | 이용길
발행처 | MOABOOKS 모아북스

관리 | 정윤
디자인 | 이룸

출판등록번호 | 제 10-1857호
등록일자 | 1999. 11. 15
등록된 곳 | 경기도 고양시 일산동구 호수로(백석동) 358-25 동문타워 2차 519호
대표 전화 | 0505-627-9784
팩스 | 031-902-5236
홈페이지 | http://www.moabooks.com
이메일 | moabooks@hanmail.net
ISBN | 978-89-97358-34-8　　03810